TB Joshua
Serviteur de Dieu

TB Joshua

Serviteur de Dieu

Gary & Fiona Tonge

Publication En Gedi
Royaume-Uni

TB Joshua — Serviteur de Dieu

Copyright © 2024 par Gary & Fiona Tonge. Tous droits réservés.

Images et notes de sermon utilisées avec la permission du Prophète T.B. Joshua. Tous droits réservés.

Sur indication contraire, toutes les Écritures sont tirées de la version Louis Segond 1901®. Tous droits réservés.

Rien dans ce livre n'a pour but de décourager quiconque à rechercher un diagnostic ou un traitement médical.

Première édition anglaise juin 2021
Cette traduction date de mai 2024

ISBN 978-1-9168991-9-3

En Gedi Publishing
Royaume-Uni

www.tbjservantofgod.com

" *J'ai lu ce livre de A à Z.
Je l'ai apprécié.
Un livre très intéressant n'a pas besoin de beaucoup de temps pour être lu.
Il n'y a rien qui me soit étranger dans ce livre. Il vaut la peine d'être lu.* "
(20 avril 2021)

RECOMMANDATION de T.B. Joshua

Sommaire

	Préface	
I.	Ça y est !	1
II.	La vie après la vie	19
III.	Qui est comme Mon Jésus ?	37
IV.	Aux Nations	61
V.	La vie est un champ de bataille	89
VI.	Dieu peut utiliser n'importe quel moyen	117
VII.	Le prophète à la montagne	143
VIII.	Un homme du peuple	167
IX.	L'autoroute vers le Ciel	199
X.	Épilogue	207

Préface

Le 20 avril 2021, T.B. Joshua a fait un enregistrement audiovisuel de sa recommandation pour l'ouvrage **TB Joshua – Serviteur de Dieu** à la Montagne de prière de la SCOAN, le lieu où il a passé une grande partie de son temps à chercher Dieu dans la prière.

Quelques semaines plus tard, le 5 juin 2021, il est entré dans le Jardin de Prière et s'est adressé à ceux qui l'attendaient et à l'ensemble des téléspectateurs d'Emmanuel TV, ce qui devait être sa dernière exhortation.

> « Je veux vous remercier pour votre temps et le cœur que vous avez pour Jésus.
>
> Il y a un temps pour tout, un temps pour venir ici et un temps pour rentrer à la maison après le service. »

Il a encouragé tout le monde, citant le livre de Matthieu 26 : 41, « *Veillez et priez* ».

En quittant le Jardin de prière, T.B. Joshua, âgé de 57 ans, a ensuite été rapidement rappelé à la maison pour être avec le Seigneur.

Les personnes présentes ont fait état d'un certain nombre de visites angéliques dans le Jardin de prière cet après-midi-là.

Il a bien terminé la course et sa mission terrestre a été accomplie.

Alors que la nouvelle de son décès faisait le tour du monde grâce à la technologie numérique, des hommages ont commencé à affluer de tous les pays et de toutes les langues, de ceux qui avaient eu le privilège de l'avoir rencontré personnellement ainsi que de ceux qui ne l'avaient rencontré que par le moyen d'Emmanuel TV.

Des hommages sont venus des cabinets présidentiels, y compris de l'actuel Président du Nigéria, d'anciens présidents, de gouverneurs d'États au Nigéria ainsi que de responsables gouvernementaux d'autres pays, d'éminents musiciens et acteurs, de journalistes et de sportifs.

Sur tout le continent africain, d'autres présidents en exercice, dont ceux du Sud-Soudan et du Libéria, ont officiellement reconnu ses réalisations en tant qu'artisan de la paix au niveau international et ont noté qu'il est une perte pour la Chrétienté dans le monde entier, et pour l'Afrique en particulier.

D'innombrables personnes réfléchissaient à la façon dont il leur avait appris à aimer, à pardonner et à l'importance de faire de la Sainte Bible (la Parole de Dieu) la norme de leur vie. Comme l'a souligné un téléspectateur de Russie, « Dieu a accompli une révolution spirituelle à travers Son vase, Prophète T.B. Joshua, en changeant le monde des Chrétiens dans leurs pensées et dans leurs cœurs ».

T.B. Joshua a laissé un héritage de service et de sacrifice au royaume de Dieu qui vit pour les générations à venir. Pour reprendre ses propres termes,

> « Une vie pour Christ est tout ce que nous avons ; une vie pour Christ est si chère. »

ÇA Y EST !

Nous nous tenions dans la grande arène intérieure bouche bée. Nous voyions une scène devant nos yeux comme si elle était tirée de la Bible, des Évangiles. Ce n'était pas un film ; c'était réel.

« Au nom puissant de Jésus-Christ ! ».

Dans tout l'auditorium, les gens ont commencé à réagir alors que la prière d'autorité était prononcée. Ceux qui étaient opprimés par des esprits méchants et sataniques ne pouvaient pas s'échapper ; les ténèbres à l'intérieur d'eux étaient exposés et évidents pour tous. Les gens criaient et levaient les yeux au ciel, tombant par terre en se tordant. Ceux qui avaient des béquilles et qui étaient en fauteuil roulant se sont levés pendant que la prière de la foi se poursuivait. Ils marchaient, leur force augmentant à chaque pas.

Prière de Masse à Singapour

« Ceux d'entre vous qui ont peu de foi, je prierai pour vous afin que votre foi soit suffisante », telle était la prière qui résonnait. C'était un moment du Divin. C'était comme voir Jésus à l'œuvre, et à partir de là, partout où nous diffusions l'enregistrement de cet événement, il y a eu des miracles. Par exemple, des années plus tard, lors d'une réunion d'évangélisation dans une petite rue du centre-ville de Lahore, au Pakistan, alors que la vidéo était projetée sur un écran de l'autre côté de la rue, la même scène s'est déroulée et un œil aveugle d'une femme s'est ouvert.

Quelques années plus tard, lors d'un événement organisé dans le plus grand stade de football d'Amérique latine, avec ses parois abruptes et élevées, partout où l'on regardait, il y avait des gens de tous les horizons qui expérimentaient des miracles instantanés alors que la prière résonnait dans toute l'arène. On ne leur a pas demandé de payer pour entrer dans le gigantesque stade ni même d'acheter des produits. Alors qu'ils étaient témoins de l'œuvre surnaturelle de Dieu et de l'effet de la « Prière de Masse » dans tout le stade, ils se sont mis à chanter spontanément « *Cristo Vive* », « Le Christ vit ».

T.B. Joshua au Mexique

Les scènes provenaient du stade national de Singapour en 2006 et du stade Aztec de Mexico en 2015, et le pasteur qui priait était un homme appelé T.B. Joshua.

Qui est ce Jésus au nom puissant duquel la prière a été offerte avec pour résultat de voir les affligés guéris et les opprimés libérés ? Il est le Fils de Dieu, Celui qui a versé Son sang à la croix pour nos péchés et par ses meurtrissures nous sommes guéris.

T.B. Joshua en 2003

Qui était cet homme T.B. Joshua qui proclamait la parole et l'autorité de Jésus-Christ ? D'où venait la puissance permettant d'avoir un impact aussi important sans battage médiatique, sans hystérie ?

Pourquoi étions-nous présents, un couple de professionnels britanniques conservateurs d'âge moyen d'une ville cathédrale typiquement anglaise ? Comment en sommes-nous arrivés à être impliqués dans ce mouvement controversé de Dieu ?

ÇA Y EST

Le dessein de Dieu se dévoile

« Il y a dans le cœur de l'homme beaucoup de projets, Mais c'est le dessein de l'Éternel qui s'accomplit. » (Proverbes 19 : 21).

> « Lorsque Dieu Tout-Puissant exécute Son plan dans nos vies, Il conçoit et organise également des événements qui continuent de se dérouler jusqu'à ce que Son dessein soit révélé dans nos vies. »[1]

Un « fil d'or » du dessein de Dieu devait être vu tissé à travers nos parcours de vie. Bien des années plus tôt, avant de nous rencontrer, nous aurions eu notre expérience de la réalité de Jésus au cours du même mois de la même année (mai 1973), même si nos chemins ne se croiseraient pas cinq ans après. Cela nous lancerait alors dans un voyage ensemble vers notre destin divin et notre connexion avec T.B. Joshua.

Ayant assisté à de nombreuses conférences, réunions et grands rassemblements chrétiens à travers le monde, ayant vu l'essor de vidéos chrétiennes et de différents supports pour l'Évangile telles que le cours Alpha, et ayant lu des centaines de livres, le « temps » était maintenant arrivé. Il était temps que nos prières soient exaucées d'une manière inattendue. Cela nous emmènerait dans un voyage, à la fois intérieur et extérieur, qui nous ferait voir le nom de Jésus glorifié et nous propulserait dans le dessein que Dieu avait préparé pour nous.

Nos deux vies étaient déjà pleinement occupées. Avec sa carrière naissante dans le domaine de la réglementation et de l'ingénierie de la télédiffusion indépendante, Gary était également un « prédicateur laïc » dans notre église locale. Fiona était impliquée dans des œuvres caritatives et religieuses, s'occupant de sa famille et organisant des « journées portes ouvertes » pour une sélection variée d'invités. Nos enfants, qui étudiaient encore, ont également eu leur vie profondément impactée et ont commencé leur cheminement individuel vers leur destinée.

Au cours des années 1990, la réputation au niveau local du puissant ministère de guérison et de délivrance du Prophète T.B. Joshua s'était développée, d'abord par le bouche-à-oreille, puis par le moyen de clips

---

[1] Il s'agit d'une « citation digne de mention » de T.B. Joshua. Dans le reste du livre, de telles citations sont identifiées par l'utilisation d'une indentation similaire.

vidéo diffusés sur les chaînes de télévision nigérianes locales.

Un clip vidéo montrait un homme souffrant d'un terrible ulcère au niveau des fesses (cancer des fesses), incapable de s'asseoir ou même de manger correctement. Sa situation s'est détériorée et il a été « largué » au bord de la route. Un gentil « samaritain bienveillant » a trouvé un moyen de l'amener à l'église de T.B. Joshua, connue sous le nom de la synagogue, église de toutes les nations (la SCOAN). Là, il a reçu la prière de la foi qui l'a présenté au Guérisseur, Jésus-Christ. Comme T.B. Joshua le répétait souvent,

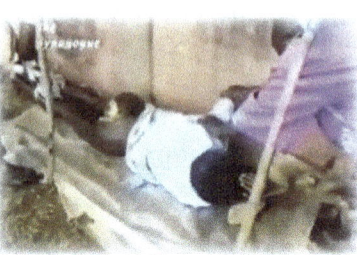
Homme souffrant d'un cancer des fesses

Témoignage suite à sa guérison miraculeuse

> « Je ne suis pas le guérisseur. Je connais le Guérisseur ; Son nom est Jésus-Christ ! »

Sous l'influence du Saint-Esprit, après la prière, la blessure a miraculeusement guéri. L'homme a témoigné devant une salle de visiteurs occidentaux, et l'histoire a été incluse dans une compilation intitulée « Miracles Divins n°5 » sur cassette VHS. Les visiteurs enthousiastes qui étaient présents à l'église ont ramené des copies chez eux pour les partager.

Ainsi, les nouvelles de ce que Dieu faisait dans la vie du Prophète T.B. Joshua se sont répandues en Europe par le moyen des pasteurs sud-africains visitant les Pays-Bas et de là dans notre petite ville tranquille de Winchester en Angleterre. Un pasteur que nous connaissions, qui avait visité la SCOAN plus d'une fois, faisait partie de notre réseau d'église. Elle a emmené un ami de notre petite église pour lui faire visiter. Il a ramené quelques vidéos, dont « Miracles Divins n°5 » montrant l'homme guéri d'un cancer des fesses.

En février 2001, après sa visite à la SCOAN à Lagos, cet ami est venu à notre réunion d'église ; il s'est levé et a salué en disant « Emmanuel ! », ce qui signifie « Dieu avec nous ». En écoutant attentivement, quelque chose à l'intérieur de Fiona attira immédiatement l'attention. Il y avait de la puissance dans ce mot !

Nous avons assisté à une courte réunion mensuelle des dirigeants. Notre pasteur, qui cherchait toujours plus de preuves du « christianisme authentique », s'est extasié sur les vidéos ramenées de la SCOAN. Lors de la réunion, où nous avions tant de choses dont nous pensions qu'il était urgent de discuter, il a dit que nous devions regarder ces vidéos parce que si elles étaient vraies, elles étaient très significatives. Il a été profondément touché et s'est rendu compte que c'était bien plus important que la réunion d'administration de nos dirigeants.

Nous avons regardé les prises de vue tremblantes faites avec la caméra et nous en étions stupéfaits, mais l'attitude de notre pasteur nous a autant marqués que les vidéos elles-mêmes. Cette nuit-là, Dieu a semé une graine dans nos cœurs. Nous remercions Dieu pour la priorité que notre pasteur a donnée au puissant miracle et à l'enseignement biblique sur le Saint-Esprit tiré de l'une des vidéos des « Conférences divines ».

Nous avions vu quelque chose, et devant Dieu, nous n'avions plus aucune excuse ! Nous avions vu un extraordinaire miracle purement biblique enregistré sur vidéo, quelque chose qui a démontré que,

> « L'ère des miracles n'est pas révolue. Le Faiseur de miracles est toujours en vie - Son nom est Jésus-Christ ! »

Rétrospectivement, c'était la réponse de Dieu à nos prières - cela indiquait une possibilité réelle (et non théorique ou ambitieuse) de réaliser notre rêve de voir le nom de Jésus glorifié au cours d'un réveil.

> « Vos plus grandes opportunités et défis arrivent sans annonces. »

L'EXPÉRIENCE DE LA SCOAN

LA PREMIÈRE VISITE DE GARY

Le bus de l'église en provenance de l'aéroport se déplaçait sur des routes non goudronnées et parfois, comme pour rendre le voyage plus excitant, se mettait à passer du mauvais côté de la route en plein milieu de la circulation. Le chauffeur

Scène locale de Lagos en 2001

traitait cela avec une nonchalance désinvolte, comme s'il s'agissait d'une journée de travail.

C'était ma première visite au Nigéria et à la SCOAN, et même si ma voisine dans l'avion était une dame essayant de m'avertir de ne pas y aller, j'étais déterminé à garder l'esprit ouvert.

En passant devant de nombreuses églises et mosquées et voyant la multitude de gens dans les rues qui font partie de la vie de Lagos, nous voilà arrivés à l'église.

L'autel de la SCOAN en 2001

Le lieu de l'autel était l'endroit où les gens allaient prier, et c'était culturellement différent des églises protestantes occidentales modernes dont j'étais plus familier, où l'accent était plutôt mis sur l'espace de louange.

Dormir en dortoir et manger des plats différents faisaient partie du programme, mais alors que j'étais assis dans le chaleureux sanctuaire avec ma Bible, deux questions me venaient à l'esprit. J'avais fait remarquer à mon voisin critique dans l'avion que je chercherais à savoir si le nom de Jésus était bien élevé et quelle était l'attitude à l'égard du péché. Il s'est avéré que ce fut là les deux aspects les plus remarquables de la visite. Le nom de Jésus était bien plus central que ce que j'avais vu jusqu'à présent, et l'expression « ne pécher plus » n'était pas seulement une devise mais reflétait un engagement authentique.

La confession publique du péché a eu un grand impact sur moi. L'un des membres de mon groupe était un ancien toxicomane qui avait été enrôlé dans un groupe paramilitaire en Irlande du Nord. Sa délivrance des mauvais esprits pendant le service à la SCOAN a été spectaculaire et sa confession bouleversante. Pourtant, quelque chose m'a profondément frappé dans le discours d'introduction que l'un des évangélistes prononçait à chaque confession. Alors qu'il énonçait les mots suivants : « *Seul Dieu Tout-Puissant peut déterminer si un péché est plus grand qu'un autre* », mon cœur fut touché. Qu'en est-il de mon propre péché, plus « privé » ? Qui pouvait dire ce que j'aurais fait si j'avais eu le même sort que ce frère dans la vie, ou encore ce qu'il aurait fait s'il avait eu le même sort que moi ?

Le Saint-Esprit m'avait convaincu que j'étais hypocrite et que j'étais devenu « religieux ». Plus tard, lors d'une rencontre personnelle avec Prophète T.B. Joshua, celui-ci a griffonné quelques notes dans une langue inconnue, puis m'a remis une promesse tirée des Écritures à méditer. Je me souviens que les paroles de cette promesse – Psaume 32 : 5, « Et tu as effacé la peine de mon péché. » – brûlaient de manière surnaturelle dans mon cœur pendant que je me repentais devant l'autel.

Le fait de retrouver notre paisible campagne anglaise, avec son herbe verte et ses vaches frisonnes, ainsi que tous les attributs de la vie de la classe moyenne dans un pays développé en temps de paix, a été un contraste saisissant avec ce que j'avais vu. J'avais vu le nom de Jésus être élevé, j'avais vu la main puissante de Dieu à l'œuvre et j'avais redécouvert mon « premier amour » pour Jésus-Christ.

La première visite de Fiona

Fiona, qui attendait à la maison, poursuit l'histoire.

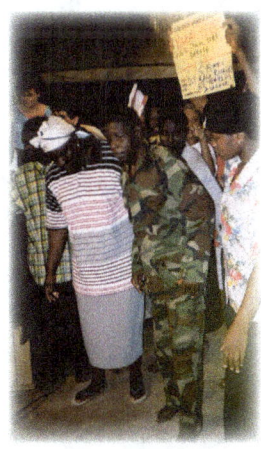

Un soldat reçoit une guérison à la SCOAN en 2001

J'ai reçu un appel de l'aéroport. « Ça y est – c'est ce pour quoi nous avons prié – la guérison, la délivrance, la percée, l'autorité sur les esprits méchants, un amour pour la Parole de Dieu et surtout, une véritable aversion pour le péché. »

Maintenant, c'était mon tour. Quelques semaines plus tard, peu de temps après que le monde ait été secoué par l'attaque terroriste du 11 septembre, et avec une certaine appréhension, j'ai pris l'avion pour ce nouveau continent. Partager un dortoir avec un groupe d'Australiens exubérants, regarder les vidéos de guérison et d'enseignement jusqu'à en avoir mal au derrière et expérimenter l'exposition à l'onction du Saint-Esprit ont été des moments éprouvants, inconfortables et exaltants. J'ai développé une grande conscience du péché, et j'ai fini par me repentir de mon péché et de la dureté de mon cœur.

À la ligne de prière, pendant la prière, une chaleur a envahi mon cou, et j'ai réalisé que j'étais guérie. En tant qu'étudiante infirmière âgée de 19 ans, je souffrais d'une blessure qui me causait des douleurs au dos et au cou et qui nécessitait des médicaments et parfois une minerve. Pendant de nombreuses années, j'ai également souffert d'insomnies intermittentes, ne dormant parfois que deux heures avant de préparer les enfants pour l'école. Tout cela était désormais une chose du passé.

Avec une conscience renouvelée brûlant à nouveau dans mon cœur vis-à-vis du péché, je patientais avant d'entrer dans le petit bureau pour mon court rendez-vous avec T.B. Joshua. Je l'ai regardé de mes propres yeux, mais je ne l'ai pas « vu ». La conscience de

Foules à l'extérieur la SCOAN en 2001

Dieu était quelque chose que j'avais expérimenté une fois et que je n'oubliais jamais. Cela m'a rappelé le grand jour où, à 17 ans, j'ai répondu à une invitation de l'Évangile (un appel à l'autel) dans une église baptiste ordinaire. Quand le pasteur est venu me serrer la main, je ne l'ai pas vu ; au lieu de cela, j'ai eu une vision de Jésus qui me souriait.

C'était la même prise de conscience mais plus profonde, difficile à expliquer car aucun mot n'a été prononcé. J'ai vu un apôtre conforme au modèle de la Bible, quelqu'un faisant les « plus grandes œuvres » que Jésus a dit que tous ceux qui croient en Lui feraient. J'ai pu voir en lui quelque chose de la capacité de Jésus.

> « Jésus-Christ a décrit le Saint-Esprit comme des fleuves d'eau vive, qui couleraient du plus profond de l'être des croyants pour répondre aux besoins des autres. »

Ce jour-là, j'ai vu cela en action. Durant le vol du retour, je n'avais en tête que deux chansons qui avaient été chantées à la Synagogue :

Ma vie, je donnerai à Dieu ma vie. Si je donne à Dieu ma vie, Il prendra

ÇA Y EST

soin de moi. Il ne me laissera jamais tomber ; Je donnerai à Dieu ma vie.

Qui est comme mon Jésus, qui est comme mon Seigneur ?

Lorsque Gary est venu me chercher à l'aéroport d'Heathrow, nous étions unis dans un même esprit et à partir de ce moment-là, la vie n'a plus jamais été la même. Ce verset de la Bible résonnait dans ma tête,

« Mais heureux sont vos yeux, parce qu'ils voient, et vos oreilles, parce qu'elles entendent ! Je vous le dis en vérité, beaucoup de prophètes et de justes ont désiré voir ce que vous voyez, et ne l'ont pas vu, entendre ce que vous entendez, et ne l'ont pas entendu. » (Matthieu 13 : 16-17)

En effet, nous étions conscients de cette bénédiction.

Le Millénaire

Lors du passage au nouveau Millénaire de 1999, avant que nous n'ayons entendu le nom de T.B. Joshua, nous avions emmené notre famille à l'étranger pour assister à un culte de célébration à Toronto, au Canada, suivi d'une école d'enseignement biblique de trois jours. Le jour de l'an 2000 à l'école biblique, lors d'un des séminaires, Guy Chevreau a parlé du réveil et a dit trois choses que nous ne pouvions pas oublier :

1. Cela ne ressemblera pas à ce que vous pensez.

2. Il se passe plus de choses dans les royaumes célestes que vous ne pouvez l'imaginer actuellement.

3. L'accomplissement de tout ce pour quoi vous priez demandera plus de concessions de votre vie que ce que la plupart d'entre vous sont actuellement habitués à faire.

Ce n'est que six mois plus tard que nous avons découvert pour la première fois ce que Dieu faisait à travers la vie de son serviteur T.B. Joshua. Nous avons trouvé ces simples affirmations tellement vraies. Plusieurs années plus tard, nous avons eu l'occasion de rencontrer Guy Chevreau alors qu'il parlait dans une église en Angleterre ; nous avons pu lui dire personnellement à quel point ce message avait été important pour nous.

Le christianisme n'est pas une religion

« Comment te comportes-tu à la maison, au marché ? ». Avec un visage chaleureux mais sérieux, l'homme de Dieu s'adressait à l'assemblée. Le sermon sur la ressemblance à Christ, prononcé lors d'une de nos premières visites, s'adressait directement à nous tous qui écoutions. Le christianisme n'est pas une religion mais une relation avec Jésus-Christ qui devrait influencer notre façon de vivre.

T.B. Joshua prêchant en 2002

« Beaucoup sont Chrétiens de profession et non de cœur. Car les actes générés par les pensées dans la chambre intérieure révèlent un autre dieu, quelque chose, quelqu'un que nous avons placé au-dessus de Dieu. »

Dès les premiers jours où nous avons cru en Jésus, lorsque nous lisons la Bible comme si nos vies en dépendaient et que nous avions une foi plus simple, nous étions devenus plus « professionnels ». Nous connaissions le langage approprié et savions comment bien nous préparer pour diverses activités « chrétiennes », mais nos cœurs se rapprochaient-ils de Dieu ou s'en éloignaient-ils ?

« La principale chose à propos du christianisme n'est pas le travail que nous faisons mais la relation que nous entretenons et l'atmosphère produite par cette relation. »

Il est peut-être possible d'impressionner les gens par un comportement soigneusement préparé, mais c'est le « vrai moi » sous-jacent qui intéresse Dieu. Comme T.B. Joshua l'a souligné dans un message plus récent,

« Ce que vous faites en secret est ce qui vous répondra au grand jour. Il n'y a pas de raccourci vers la maturité spirituelle. Nous devenons spirituels en vivant dans la Parole et par la Parole qui vit en nous. »

Nous avons également pris conscience que notre croyance au salut risquait de dériver vers quelque chose de conceptuel plutôt que de pratique. Mais comme T.B. Joshua dit,

« Seul votre caractère peut témoigner de l'authenticité de votre confession du Christ ».

Nous ne devons pas seulement confesser de la bouche, mais croire dans le cœur, et cette croyance du cœur s'exprime dans notre caractère et les petites choses que nous faisons au quotidien, et non dans l'assentiment mental pour corriger la doctrine ou les faits concernant Jésus. La nouvelle naissance n'est pas quelque chose de purement mystique que nous pouvons revendiquer par la confession et l'assentiment mental uniquement. Elle résulte de l'œuvre pratique réelle du Saint-Esprit pour apporter un changement.

Nous avions lu les livres et croyions comprendre la théologie à ce sujet, mais c'était la clarté de la Parole de Dieu et la démonstration de l'Esprit de Dieu à travers le ministère du Prophète T.B. Joshua qui a transpercé nos cœurs avec cette vérité.

John Fletcher, un proche collaborateur de John Wesley au XVIIIe siècle en Angleterre, faisait face à une dérive similaire vers la « religion » lorsqu'il écrivit, avec sa candeur habituelle,

> Si nos auditeurs non régénérés ont dans la tête des idées orthodoxes sur la voie du salut, dans la bouche des phrases évangéliques sur l'amour de Jésus et, dans le cœur un zèle chaleureux pour notre parti et nos formes préférées, nous les aidons sans doute à se ranger parmi les enfants de Dieu. Mais hélas ! Cette auto-adoption dans la famille de Christ ne passera pas plus au ciel que l'auto-imputation de la justice de Christ. L'œuvre de l'Esprit se tiendra là, et elle seule.[2]

Rev. John W. Fletcher (1729-1785)

UN CHRISTIANISME PRATIQUE

« Tout ne dépend pas de Dieu, et tout ne dépend certainement pas

---

2 Fletcher, J. W. (1771). *A second check to antinomianism* [Un deuxième frein à l'antinomisme].... W. Strahan. p. 66

de nous. Il faut la capacité de Dieu et notre volonté pour produire le salut. »

Cette citation de T.B. Joshua reflète le sain équilibre entre la grâce et les œuvres qui est le fondement du Christianisme « pratique ». Cela a été la marque de fabrique des croyants efficaces à travers les âges. Au XVIIe siècle par exemple, l'évêque Ézéchiel Hopkins (1634-1690) a dit essentiellement la même chose dans son sermon sur le Christianisme pratique,

> Premièrement, travaillez avec sérieux, constance et sans relâche à bien faire, comme si vos œuvres seules pouvaient vous justifier et vous sauver. Deuxièmement, comptez et dépendez totalement des mérites de Jésus-Christ pour votre justification et votre salut, comme si vous n'aviez jamais accompli un acte d'obéissance de toute votre vie.[3]

Dans T.B. Joshua, nous avons vu quelqu'un qui a non seulement enseigné cet équilibre plus clairement que nous ne l'avions entendu auparavant, mais sa vie était une « lettre vivante » cohérente de cette vérité.

Délivre-nous du mal

Une autre chose qui nous a marqués était la délivrance des mauvais esprits. Ce n'était pas prétentieux ou transcendantal, mais traitait de la source réelle du mal actuel.

Colère, violence, peur, haine, pensées continuelles de mort, douleur et tourment – chaque jour sur nos écrans ou nos journaux, nous lisons des actes meurtriers inspirés par ces forces, et nous les avons tous vécus dans notre propre cœur.

Dans la prière du Seigneur, Jésus-Christ nous apprend à prier chaque jour : « Délivre-nous du malin » (Matthieu 6 : 13). Tout le monde a besoin de la délivrance ! T.B. Joshua décrit la bataille quotidienne à laquelle sont confrontés les croyants,

> « Il y a une guerre constante entre la chair et l'esprit aussi longtemps

---

[3] Hopkins, E. (1701). *The Works of the Right Reverend and Learned Ezekiel Hopkins* [Les œuvres du révérend et savant Ézéchiel Hopkins]. Jonathan Robinson. p. 665

que nous sommes dans ce monde. Une guerre fait rage dans votre cœur entre la foi et le doute, l'humilité et la fierté, l'espoir et le désespoir, la paix et la colère, la patience et l'impatience, la connaissance et l'ignorance, la maîtrise de soi et la cupidité. »

Ce n'est pas seulement une guerre figurative. Il y a des mauvais esprits de doute, d'infidélité, d'impureté, etc., auxquels il faut fermement résister et refuser l'accès à nos vies.

Fiona, qui a une formation d'infirmière, avait un point de vue particulier,

J'ai appris qu'il y a aussi souvent des forces derrière la maladie physique et l'oppression psychologique que nous ne pouvons pas expliquer naturellement. La délivrance obtenue lors la Prière de Masse s'opérait à un autre niveau, ne s'opposant pas aux merveilles de la médecine moderne, mais s'y ajoutant.

Nous avons vu que les forces négatives (les esprits) sont expulsées avec une parole d'autorité utilisant le nom puissant de Jésus-Christ. Mais nous avons aussi un rôle à jouer pour continuer à vivre victorieusement en adoptant un style de vie basé sur la pensée positive, l'action positive et la parole positive – en faisant de la Parole de Dieu le standard de notre vie.

Le choc culturel

Nos premières rencontres avec la SCOAN ont également été un choc culturel.

Une des premières vidéos très instructives (format VHS) sur la réconciliation familiale racontait l'histoire d'un Nigérian dont la petite amie était tombée enceinte et qu'il l'avait abandonnée plusieurs années auparavant. Au cours du service religieux, une puissante parole prophétique du Prophète T.B. Joshua a désigné cet homme qui était venu recevoir la prière pour une « percée » dans les affaires. Il lui a été dit qu'il avait mis enceinte une jeune fille dans sa jeunesse et qu'il devait la retrouver et assumer sa part de responsabilité de l'enfant. Abasourdi, l'homme a quitté l'église et est allé faire tout ce qu'il pouvait pour retrouver la jeune fille, désormais mère célibataire. La mère célibataire est venue avec le garçon à l'église. Elle était tellement heureuse que son fils puisse désormais bénéficier d'une assistance paternelle et financière. Il n'était pas question qu'ils se marient, mais simplement qu'ils s'occupent ensemble de l'enfant pour qu'il ait un père. Ce témoignage était très émouvant et a prouvé aux auditeurs que Dieu Tout-Puissant voit tout. La mère et l'enfant étaient si reconnaissants.

Cependant, de retour au Royaume-Uni, Fiona a donné la cassette VHS au responsable d'une association caritative pour laquelle elle travaillait bénévolement. Cette personne l'a regardée à travers le prisme de la culture britannique et a commenté simplement comme si la dame était une mère célibataire au Royaume-Uni, soutenue financièrement par le service de sécurité sociale. Pour elle, le problème principal n'était pas d'ordre pratique ou financier, mais émotionnel : comment la mère aurait-elle pu se sentir en revoyant le père de l'enfant ? Cela était assez révélateur !

Nous avons observé quelque chose que nous avons également vu en nous-mêmes, une volonté inconsciente d'imposer notre propre « culture » comme norme, de tout passer au crible du filtre de notre vision personnelle du monde.

T.B. Joshua a dit un jour qu'il avait dû vivre au-dessus de sa culture ; la philosophie de Jésus doit supplanter nos normes et notre éducation.

Cependant, cette œuvre de Dieu se déroulait sans aucun doute dans un cadre culturel que nous ne connaissions pas. Le choc des cultures nous a aidés à reconnaître certains domaines dans lesquels nous avions inconsciemment compris la Bible dans les limites de notre propre expérience, de nos valeurs et de nos attentes. Ici, nous voyions quelque chose de différent qui, bien que plus « brut », était à bien des égards plus proches de la Bible.

Par exemple, il nous était facile d'interpréter l'église primitive comme si elle disposait d'une structure de gestion, les « anciens » organisant des réunions de politique générale et les apôtres à Jérusalem constituant le plus haut niveau de supervision. En revanche, il s'agissait davantage d'une question de foi et de caractère. T.B. Joshua n'était pas un directeur à la manière occidentale mais sans aucun doute un incitateur à la repentance et à la foi en Christ.

Une faiblesse particulière de notre culture anglaise de classe moyenne était l'importance excessive accordée aux apparences. Il était confortable de se concentrer sur la présentation, l'apparence et de prendre de nouvelles résolutions au lieu de rester fidèle jusqu'à la fin. Vouloir changer peut être agréable, mais le processus de changement réel est souvent douloureux et difficile.

Lentement mais sûrement

La vision était formidable et excitante. Nous avions trouvé ce que nous cherchions ! Mais nous avons réalisé que réaligner nos vies n'était pas chose facile. Nous avions le sentiment qu'il nous fallait « désapprendre » un grand nombre des bonnes choses que nous avions apprises auparavant, parce qu'elles avaient été entachées par la culture et que nous les avions acceptées à un niveau trop superficiel.

Nous avions vu une analogie de cela dans la modernisation des routes au Royaume-Uni. Lorsque le flux de circulation avait augmenté au point que la route ne pouvait plus faire face au volume, il était courant de construire une nouvelle autoroute à deux voies (autoroute à chaussées séparées). Bien que la direction et la destination soient les mêmes, l'ancienne route était généralement mise de côté et une toute nouvelle route était construite, conçue dès le départ pour les volumes de trafic plus importants. Il en allait de même pour nous – nous ne nous dirigions pas vers une nouvelle direction, mais nous devions recommencer depuis le début.

À travers l'enseignement biblique de T.B. Joshua, nous avons vu que les principaux outils dont nous aurions besoin étaient la patience, la persévérance et l'endurance. Un sermon que nous avons trouvé particulièrement utile à ce sujet était la deuxième d'une série intitulée « Lentement mais sûrement », donnée au début de 2005.

LENTEMENT MAIS SÛREMENT – PARTIE 2

T.B. Joshua, Service du dimanche à la SCOAN, 13 février 2005

Jean 5 : 1-14 – (1-6) – « *Après cela, il y eut une fête des Juifs, et Jésus monta à Jérusalem. Or, à Jérusalem, près de la porte des brebis, il y a une piscine qui s'appelle en hébreu Béthesda, et qui a cinq portiques. Sous ces portiques étaient couchés en grand nombre des malades, des aveugles, des boiteux, des paralytiques, qui attendaient le mouvement de l'eau ; car un ange descendait de temps en temps dans la piscine, et agitait l'eau ; et celui qui y descendait le premier après que l'eau avait été agitée était guéri, quelle que fût sa maladie. Là se trouvait un homme malade depuis trente-huit ans. Jésus, l'ayant vu couché, et sachant qu'il était malade depuis longtemps, lui dit : Veux-tu être guéri ?* ».

Il y a ici beaucoup de leçons à tirer sur le temps de Dieu. Le temps de Dieu est le meilleur. Ça vaut la peine d'attendre le temps de Dieu. À la piscine de Bethesda, il y avait un homme qui ne se souciait pas du temps qu'il devait attendre parce qu'il croyait en Dieu. Il croyait que si seulement il pouvait se plonger dans l'eau, il serait guéri. Pendant qu'il attendait au bord de la piscine, beaucoup d'autres personnes ont été guéries en sa présence, et il a dû entendre de nombreux témoignages. Il était allongé là, sans personne pour l'aider ; mais il n'était pas découragé parce qu'il avait la foi dans le temps de Dieu.

Jean 5 : 14 – « *Depuis, Jésus le trouva dans le temple, et lui dit : Voici, tu as été guéri ; ne pèche plus, de peur qu'il ne t'arrive quelque chose de pire.* ».

Ici, à La Synagogue, vous pouvez venir pour la prière pour un problème particulier, et après la prière, le problème est résolu. Un homme sans vision ne verra pas au-delà de cette guérison. Mais cet homme dans la Bible a vu une raison au-delà de sa guérison – le salut de son âme. C'est pourquoi Jésus l'a trouvé dans le temple, et non dans un bar ou un bordel. La Bible indique que Jésus a insisté à nouveau sur la nécessité de conserver son miracle en se sanctifiant. C'est pourquoi Il lui a dit : « Va et ne pèche plus », c'est-à-dire ne recommence pas !

Jésus a jugé nécessaire de donner cet avertissement conscient. Il est courant que les gens, lorsqu'ils sont malades, démunis, en manque ou en difficulté, fassent des promesses. Mais le lendemain, ils oublient tout – les promesses, le zèle dont ils ont fait preuve au début et les souffrances qu'ils ont connues dans le passé.

Rappelez-vous la première fois que vous êtes venu avec des difficultés, des ennuis ou une maladie. Souvenez-vous de la promesse que vous avez faite de servir votre Dieu de tout votre être après votre guérison. Tenez-vous toujours cette promesse ? Cet homme à la piscine de Bethesda a tenu sa promesse ; c'est pourquoi Jésus l'a retrouvé dans le temple. Il a vu une raison au-delà de sa guérison. Si vous aviez continué votre vie chrétienne comme vous l'avez commencée, votre situation ne ressemblerait pas à ce qu'elle est aujourd'hui. Parce que l'homme avait une vision, il a continué à avancer. L'homme savait où il allait, alors il a continué à avancer.

L'endroit où vous allez est lié à votre avenir divin, à votre destinée divine. Si l'endroit où je vais aujourd'hui me dit que je serai pêcheur, demain, j'achèterai un filet de pêche parce que je sais qu'il me permettra de prospérer.

Où allez-vous ? Allez-vous vers votre destinée divine ? Si vous vous dirigez vers votre destinée divine, vous aurez de l'endurance, de la persévérance et de la patience. Ce sont les outils. Lorsque vous aurez ces outils, vous serez en mesure d'y faire face. Mais un homme sans vision est un homme sans patience.

Joseph, le fils de Jacob, est un bon exemple. Considérez le parcours vers sa destinée divine : de la citerne vide à l'esclavage dans la maison de Potiphar, puis de la prison au trône. C'est parce qu'il avait une vision qu'il pouvait supporter la douleur dans la citerne vide. C'est parce qu'il avait une vision qu'il a pu résister à la tentation de la femme de Potiphar. C'est parce qu'il avait une vision qu'il a pu endurer les conditions de la prison. Chaque fois que Joseph se trouvait dans un endroit contraire à sa vision, il se disait : « Je sais où ma place – Pas ici ! Ce n'est pas la promesse de Dieu ! ». Cela lui a donné la force de supporter son état actuel.

N'oubliez pas que nos problèmes deviennent plus faciles à gérer lorsque nous savons qu'ils ne dureront pas longtemps. Joseph savait que les problèmes qu'il traversait seraient de courte durée.

La route vers votre destinée divine, la route vers votre avenir divin n'est pas comme un lit de roses. Vous allez rencontrer des scorpions, des serpents, des épines – et j'en passe ! C'est pourquoi vous devez avoir de l'endurance. C'est pourquoi vous devez avoir de la patience. C'est pourquoi vous devez avoir de la persévérance. Quand vous ne savez pas où vous allez, vous ne pouvez pas endurer ; vous ne pouvez pas être patient.

Beaucoup d'entre vous ici ont une promesse de Dieu, mais vous manquez de patience, de persévérance et d'endurance. C'est un message que vous devez suivre si vous voulez réussir dans la vie. Si vous avez une vision, vous savez où vous allez et votre destination est liée à votre destinée divine.

Quand vous avez une vision, vous avez de l'audace ; vous avez confiance. Mais un homme sans vision est un homme sans patience, sans persévérance, sans endurance. Lorsque vous avez une vision, même lorsque quelqu'un vous gifle, vous tendez l'autre joue si cela vous permet d'atteindre votre objectif.

La vie après la vie

"Ekaaro !" C'est tout sourire que les dames du village ont salué en yoruba, Madame Folarin Aisha Adesiji Balogun, la mère de T.B. Joshua, le jour de la cérémonie de baptême en juin 1963.

Vêtues de robes colorées et portant de grandes marmites de riz parfumé, les dames ont commencé à se préparer pour la célébration.

« Madame, vous devez être très reconnaissante à Dieu d'avoir accouché sans problème. Votre petit garçon, que lui réserve le Dieu Tout-Puissant ? ». « Oui, il va bien, et regarde-le dormir paisiblement sur la natte ! », ainsi fut sa réponse pleine de joie.

Le toit percé par le gros morceau de roche

Non loin de là, les entrepreneurs de la compagnie Water Corporation faisaient exploser des pierres pour faire place aux canalisations.

Tout était presque prêt pour la cérémonie de baptême quand, sans crier gare, un gros morceau de rocher s'est envolé de l'endroit où ils effectuaient des explosions, a percé le toit où les gens célébraient et a atterri là où le petit être spécial avait été placé. Mais il a raté le bébé de justesse. Personne n'a vu le petit être transporté dans un autre coin de la pièce. Ils ont seulement vu que le bébé (âgé de seulement sept jours) s'était déplacé et pleurait avec vigueur. Mais le miracle, c'est qu'il n'a pas été blessé. Que se passait-il dans le monde spirituel ? Seul l'avenir nous le dira !

Alors que les cris s'apaisaient et que les personnes présentes se réjouissaient : « Le bébé est sain et sauf ! », il y eut soudain plus d'agitation. Madame Folarin, la mère du petit Balogun Francis (futur Joshua), a été vue affalée sur le sol ; les efforts pour la ranimer ont échoué ; elle était dans un état d'évanouissement profond.

Un témoin oculaire détient le véritable morceau de roche

« Emmenons-la à l'hôpital ! ». Tous les voisins se sont mobilisés, le transport pour de telles urgences a été demandé, et avec quelqu'un portant le bébé encore sans nom, tout le monde est parti pour l'hôpital. Le riz a été laissé à l'abandon.

Que s'était-il passé ? Dieu Tout-Puissant avait accompli un miracle, et alors que la nouvelle circulait dans le village, les gens disaient : « Nous devons surveiller cet enfant ; sûrement Dieu l'a protégé dans le ventre de sa mère et l'a maintenant protégé de la mort et des blessures ».

La naissance de T.B. Joshua et son enfance

Arigidi dans l'État d'Ondo, Nigeria

Il y a un siècle de cela dans une communauté rurale appelée Aridigi dans l'État d'Ondo, on parlait d'une prophétie inhabituelle. Balogun Okoorun, un guerrier et fermier, a prophétisé que de cette communauté rustique émergerait un homme puissant et célèbre qui aurait un grand nombre de partisans.

Temitope Balogun (plus tard appelé Joshua) est né le 12 Juin 1963. Son père était Pa Kolawole Balogun originaire d'Imo, et sa mère, Madame Folarin Aisha Adesiji Balogun originaire d'Osin. Il sera le dernier enfant.

L'histoire de son temps dans le ventre de sa mère allait faire l'objet de nombreuses discussions. Le bébé était calme dans le ventre. Au cours des trois derniers mois avant la date prévue de l'accouchement, alors qu'un bon nombre de coups de pied était attendue, il y avait un silence complet de la part du futur Joshua. Cela a entraîné un long séjour à l'hôpital. Il y avait de fréquentes discussions sur la possibilité d'un accouchement par césarienne (encore aujourd'hui, une procédure coûteuse et risquée dans les régions rurales du Nigéria).

La maison d'enfance de T.B. Joshua

Sa mère se souvient qu'elle était allongée sur le lit à l'hôpital, et un pasteur est entré et a dit qu'elle ne devrait pas être opérée, que Dieu était occupé à préparer l'enfant. Il lui a donc conseillé de rentrer chez elle, l'avertissant que l'opération ne réussirait pas. Le même message a été donné au médecin.

Elle a alors quitté l'hôpital au bout de trois mois et est retournée chez elle pour continuer à attendre. Finalement, une nuit, après le 14e mois de grossesse, le petit garçon est né sans opération. Tout le monde s'est réjoui, mais la cérémonie de baptême n'a jamais eu lieu à cause de l'incident de la « pierre volante » raconté au début de ce chapitre.

Lorsque le bébé a finalement été nommé, il a reçu de nombreux noms, mais celui que lui et ses parents préféraient était Temitope, ce qui signifie : « Ce que Tu (Dieu) as fait pour moi est digne de gratitude ».

Pa Kolawole Balogun, père de T.B. Joshua

Élevé dans une famille chrétienne, son père, de son vivant, était fermier et également secrétaire de l'église St Stephen du village. Pa Kolawole est mort lorsque T.B. Joshua était un petit garçon. Comme souvenir d'enfance, il se souvient que son père l'emmenait à l'église lorsqu'il y allait travailler.

Les premiers signes de zèle spirituel ont marqué ses années à l'école primaire du village. Sa matière préférée était la Connaissance Biblique, ou « BK » pour 'Bible Knowledge', et il aimait lire les Écritures. Déjà à cet âge, il lisait régulièrement toute la Bible et enseignait aux autres.

C'est là qu'il a gagné le surnom de « petit pasteur » et qu'il a dirigé l'association chrétienne des jeunes.

École primaire Saint-Étienne, Arigidi

Un incident particulier de ces premiers jours est resté dans les mémoires. Un fou est venu à l'école avec un coutelas. Les élèves et les enseignants couraient dans tous les sens et personne ne voulait s'approcher de lui. Cependant, le « petit pasteur » s'approcha avec assurance du fou et lui ordonna de remettre le coutelas au nom de Jésus, ce qu'il fit.

T.B. Joshua après avoir terminé ses études primaires

Par conséquent, on pourrait en déduire que le ministère de T.B. Joshua a commencé à l'école primaire St. Stephen où il a récupéré le coutelas du fou et a commencé à diriger l'association chrétienne, enseignant la Bible et priant pour de nombreuses personnes. Il déclare que c'est là que sa conscience de la présence de Dieu a commencé, et qu'il a continué sur sa lancée. En effet, « Tout ce qui est grand commence petit ».

Le déménagement à Lagos

Bien qu'il ait obtenu de bons résultats à l'école primaire, son expérience à l'école secondaire n'a pas été aussi simple. En effet, de nombreuses difficultés sont venues s'y ajouter.

En raison des problèmes financiers de la famille, les frais de scolarité n'étaient pas abordables. Bien qu'il ait réussi à entrer tardivement dans un collège musulman, Ansar-Ud-deen Grammar School à Ikare près de sa ville natale, il y avait des défis.

T.B. Joshua, 17 ans

Porter la Bible ouvertement était interdit, et le petit groupe de croyants Chrétiens, avec lui comme dirigeant, se réunissait en secret pour lire la Bible. Il finit par partir et rentrer chez lui, sans poursuivre d'études formelles pendant un certain temps.

En considérant comment gagner sa vie pour financer ses études, il a décidé de déménager à Lagos. Dormant sur le toit d'un camion de manioc, il a fait quatre jours d'auto-stop jusqu'à Lagos et a été déposé à Mile 12, un énorme marché international de fruits et légumes.

Lorsqu'il trouve un emploi temporaire pour laver les pieds sales des clients du marché, il entend parler son dialecte local. Interrompant la conversation de ces femmes, elles l'ont aidé à retrouver sa sœur, qui avait déménagé à Lagos. Pendant un certain temps, il a pu rester avec elle à Egbe.

T.B. Joshua, 20 ans

Bientôt, cependant, ne voulant pas être une charge pour elle, il a déménagé et a trouvé un emploi dans une ferme avicole où il transportait du fumier de poulet. Il a fait ce travail pendant un an, et il ne put se débarrasser de l'odeur de son corps, quelle que soit la quantité de savon qu'il utilisait, et souvent des mouches planaient autour de lui.

Même plusieurs années plus tard, T.B. Joshua n'a jamais oublié ce que c'était que de travailler jour après jour dans un emploi peu rémunéré et quelque peu dégradant, que même les Nigérians locaux n'étaient pas disposés à entreprendre.

Parallèlement, il tente de parfaire ses études en s'inscrivant dans différents cours du soir. Encore une fois, se financer s'avère toujours un problème car il devait travailler à temps plein pour payer son loyer et sa nourriture.

Lorsqu'il a réussi à s'installer dans une école pendant un certain temps, il a été remarqué pour ses qualités athlétiques. Au cours de cette période difficile de sa vie, il enseignait également la Bible aux enfants.

Les efforts pour enfin avancer dans le système éducatif national du Nigéria se sont soldés par un échec à quatre reprises. Il s'est inscrit aux examens du JAMB (Joint Admission and Matriculation Board – Commission mixte d'admission et de délivrance des diplômes), mais pour différentes raisons, comme avoir eu un accident sur le chemin du lieu d'examen et parfois l'oubli de documents importants, ses efforts ont été réduits à néant.

Cette énigme en a intrigué plus d'un, mais heureusement, sa mère, une femme de foi, y voyait quelque chose dans laquelle Dieu était impliquée – un « arrêt » sur le chemin de sa destinée.

Cela n'a jamais été aussi évident que lors d'une expérience potentiellement très décevante, lorsqu'il a essayé de s'enrôler dans l'armée nigériane.

Cette fois, il a réussi l'examen d'entrée à l'Académie de défense du Nigéria à Kaduna et a été invité à un entretien. Peut-être que cette fois-ci, le succès était au rendez-vous ? Cependant, le train avec lequel il voyageait de Lagos à Kaduna a connu de graves défaillances, tombant en panne et laissant tous les passagers pendant six longues journées dans la « brousse » de l'État de Kwara avec peu de nourriture. Il a raté l'entretien car il n'avait pas les moyens financiers d'organiser un autre moyen de transport pour s'y rendre.

T.B. Joshua dira plus tard : « Qui sait ce qui se serait passé si j'avais réussi à assister à cet entretien ? Je me sentais très mal d'avoir raté une autre chance de réussir dans la vie. ».

De retour au village, les mots prononcés par sa mère le réconforteront dans sa période de « sécheresse », tout comme Joseph dans le récit bien connu de la Genèse.

> « Mon fils, ne te préoccupe pas de l'apparence des choses telles qu'elles se présentent aujourd'hui. Si jamais j'ai confiance en un enfant, tu es cet enfant. N'aie pas peur de ce que l'avenir te réserve car je sais que si quelqu'un est voué à l'échec, tu ne l'es pas. Alors, sois patient, et tu verras ce que Dieu fera dans ta vie. Je suis tellement sûre de ta percée future, compte tenu de la force des prédictions et des prophéties à ton sujet avant même ta naissance. Je ne peux pas oublier facilement ce que j'ai vécu quand j'étais enceinte de toi, et je sais que Dieu ne peut pas mentir. Quoi que tu traverses aujourd'hui, mon fils, prends-le comme un revers temporaire destiné à te préparer aux défis à venir. N'oublie pas que ton nom est 'Temitope' et, par la grâce de

La vie après la vie

Dieu, le monde entier aura raison de remercier Dieu pour toi. ».[4]

En effet, cette parole de foi devait s'accomplir. Des années plus tard, son enseignement biblique au sujet de Joseph sur Emmanuel TV encouragera des milliers de personnes.

La « citerne sèche » est l'endroit où vous ne pouvez voir aucune issue de sortie à la situation, aucune source d'approvisionnement, mais comme Joseph n'a pas cédé à l'amertume et à l'offense, Temitope Balogun Joshua n'a pas non plus. Plus tard, il dira :

> « Dans ma marche spirituelle avec Dieu, j'ai connu à la fois des bons moments et des moments difficiles. Qui sait ce qui se serait passé si ces arrêts temporaires n'étaient pas intervenus à intervalles réguliers. Rappelez-vous, lorsque Dieu exécute Son plan dans nos vies, Il conçoit et organise également des événements qui continuent à se dévoiler jusqu'à ce que Son dessein soit révélé. Les hauts et les bas de mon éducation faisaient partie des événements qui ont révélé le dessein de Dieu dans ma vie. N'oubliez pas que l'homme qui est pauvre n'est pas l'homme qui n'a pas d'argent, mais celui qui n'a pas de rêve. »[4]

Il a souvent reconnu l'exemple positif de sa mère dans ses sermons, se référant, par exemple, à son nettoyage inlassable dans l'église tout en priant que Dieu nettoie son cœur comme elle nettoyait sa maison. Il lui a également attribué la citation suivante, qui a eu un impact positif sur sa vie :

> « Quand les temps sont stables et que la mer est calme et sûre, personne n'est vraiment mis à l'épreuve. ».

Des années plus tard, lors d'une visite aux Bahamas, où il a été reçu par le gouverneur général du pays, il a été informé de la dernière maladie de sa mère. Elle est ensuite décédée avant qu'il ne puisse retourner au Nigéria.[5]

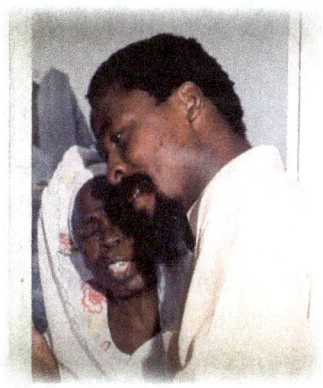

T.B. Joshua avec une photo de sa mère

---

4 *My Stopping Interval* [Mon intervalle d'arrêt], Blog de la SCOAN, 5 octobre 2009
5 *Untold Story Of A Mystery* [Histoire inédite d'un mystère], The Sun (Nigéria), 5 avril 2009

L'APPEL DIVIN

Nous sommes en 1987, et après ses années à Lagos, le Saint-Esprit demande à T.B. Joshua d'entreprendre une période prolongée de recherche de la face de Dieu sur une montagne près de sa ville natale d'Arigidi. Là, il a jeûné et prié pendant 40 jours et 40 nuits. Il a écrit que dans une vision céleste, il a reçu l'onction divine et une alliance de Dieu pour commencer son ministère :

> LA VIE APRÈS LA VIE
>
> J'étais en transe pendant trois jours consécutifs, puis j'ai vu une main qui pointait une Bible vers mon cœur, et la Bible est entrée dans mon cœur, et mon ancien cœur a semblé s'immerger immédiatement dans la Bible. Puis la prise de conscience est venue, et j'ai vu les apôtres et les prophètes d'autrefois avec quelqu'un dont je ne pouvais pas voir la tête parce qu'il était très élancé jusqu'au ciel et suspendu, et que je crois être notre Seigneur, Jésus-Christ, assis au milieu d'eux. Je me suis aussi vue au milieu d'eux. Au bout d'un moment, j'ai vu une main de cet homme élancé ; Je ne pouvais pas voir son visage, qui brillait d'une lumière inimaginable, haut jusqu'aux cieux et suspendu dans les airs. Mais d'autres apôtres, je pouvais voir leurs visages, en particulier les apôtres Pierre et Paul, les prophètes Moïse, Élie et d'autres. Leurs noms étaient écrits en gras sur leur poitrine.

Priant à la montagne

> J'ai entendu une voix dire : « Je suis ton Dieu ; Je te donne la mission divine d'aller accomplir l'œuvre du Père Céleste ». Au même moment, la même main de l'homme de grande taille m'a donné une petite croix et une grande Bible, plus grande que celle qui est entrée dans mon cœur, avec la promesse que si je continuerais à avancer en son temps et en son nom, on me donnerait une plus grande croix, mais si j'échoue, le contraire se produirait. J'ai encore entendu la voix de la même personne de la grande taille (je ne pouvais pas voir sa tête), disant : « Je suis le Seigneur ton Dieu qui était et qui est – Jésus-Christ », donnant

des ordres à tous les apôtres et prophètes. La même voix me dit : 'Je te montrerai les merveilleuses manières dont je me révélerai au travers de toi, dans l'enseignement, la prédication, les miracles, les signes et les prodiges pour le salut des âmes'.

Depuis lors, je reçois dans ma vision, chaque année selon ma fidélité à Dieu, une plus grande croix qui signifie pour moi plus de responsabilités. La Bible qui est entrée dans mon cœur symbolisait l'Esprit et la vie (le Saint-Esprit). La Parole de Dieu est Esprit et vie. Il ne fait rien sans Sa Parole. Le livre de Romains 8 : 16 dit que L'Esprit lui-même rend témoignage à notre esprit que nous sommes enfants de Dieu. Le Père a donné l'Esprit pour nous rendre semblables à Son Fils.

Père, merci pour ton Esprit, remplis-nous de ton amour et de ta puissance, transforme-nous à l'image de Christ, jour après jour et heure après heure.

Dieu lui-même exerce l'onction divine sur tous ceux qui ont le merveilleux privilège de devenir ses enfants (2 Corinthiens 1 : 21-23 et Luc 24 : 48-49).[6]

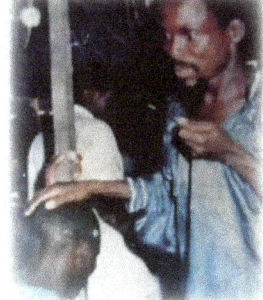

T.B. Joshua à son retour d'un jeûne de 40 jours

LES DÉBUTS DE L'ÉGLISE

T.B. Joshua marchant en 1989

Comme le montre le documentaire vidéo *Ceci est mon histoire*, le mode de transport de T.B. Joshua dans les premières années de sa vie était de marcher à pied partout. Partout où il allait, les enfants le suivaient. Ces enfants et leurs mères allaient constituer certains des tout premiers membres de l'église.

En 1989, il a posé les fondations de la première église synagogue située à Agodo-Egbe, Lagos, Nigéria. Il marchait joyeusement au milieu des premiers membres en élevant leur foi avec la Parole de Dieu. Voici une transcription de ce

---

6 *How God Called TB Joshua* [Comment Dieu a appelé T.B. Joshua ?] La distance n'est pas une barrière – Blog, page statique

court sermon animé :

> « Alléluia ! Asseyons-nous. Amen ! En fait, je ne sais pas par où commencer. Amen ! Ma venue parmi vous est juste pour poser la fondation. Je suis ici pour poser la base, aujourd'hui nous commençons la Synagogue ici ! Je suis venu lancer une bonne fondation pour l'église. Il faut savoir que cet homme dit toujours des choses en proverbe.
>
> Tous les anciens ici ont entendu dès leur plus jeune âge que Jésus allait venir. Nous attendons Sa venue jusqu'à présent, et nous nous y préparons toujours. La raison pour laquelle Jésus n'est pas encore venue est parce qu'il veut que vous et moi nous nous repentions de nos péchés parce qu'il ne veut pas que quiconque périsse. Vous êtes-vous repenti ? La venue de Jésus est retardée parce que Dieu veut que vous vous repentiez. Repentez-vous de votre péché afin de ne pas périr. Au moment où Jésus viendra, vous ne périrez pas ; vous hériterez du Royaume de Dieu. Dès votre enfance, on vous a appris que Jésus viendra comme un voleur dans la nuit. Nous avons attendu la venue de Jésus. La raison pour laquelle la venue de Jésus a été retardée c'est à cause de vous et moi. Jésus veut que vous vous repentiez ; il ne veut pas que vous périssiez. Au moment où il viendra, il pourra vous porter à la vie éternelle. Si Jésus devait venir et que vous ne vous êtes pas repenti, la venue de Jésus dans votre vie n'a aucun sens. Pour que la venue de Jésus ait un sens dans votre vie, vous devez vous repentir. Vous devez vous repentir aujourd'hui et accepter Jésus. Ainsi, lorsque Jésus viendra, vous pourrez le rejoindre dans le Royaume de Dieu.
>
> Alors, pour moi et ma maison – et je crois que vous êtes ma maison – nous servirons le Seigneur. Applaudissez pour Jésus ! Alléluia ! »⁷

La première église en 1989

Il n'a pas fallu longtemps avant que le nombre de fidèles n'augmente au point de nécessiter un nouveau bâtiment d'église, la deuxième église, qui se trouvait sur le même site. Cependant, cette structure simple a été

---

7 *Ceci est mon histoire : documentaire sur T.B. Joshua,* publication Facebook du Ministère de T.B. Joshua, 2 novembre 2017

détruite lors d'un violent orage.

Après la destruction du deuxième bâtiment de l'église, un autre bâtiment a été construit, cette fois-ci en utilisant des planches de bois. Le premier service a eu lieu dans le nouveau bâtiment de la Synagogue, Église de Toutes Les Nations, en 1992.

La deuxième église, détruite par une tempête

Le troisième bâtiment de l'église a également subi de graves dommages à cause des inondations. À cause de cela et du nombre croissant de fidèles fréquentant l'église, le Saint-Esprit a ordonné à T.B. Joshua de déménager dans un nouvel endroit à environ trois kilomètres de là.

La Troisième Église en 1992

La Quatrième Église en 1994

Ainsi, en 1994, l'église a déménagé à Ikotun-Egbe, son emplacement actuel. Il s'agissait du quatrième bâtiment de la Synagogue, Église de Toutes Les Nations, le premier bâtiment d'église sur le nouveau site. C'est à ce bâtiment, agrandi, que nous sommes arrivés lors de notre première visite de l'église en 2001.

Le site des trois premières églises est maintenant le site du Faith Resort Ground de la SCOAN, également connu sous le nom de « Montagne de prière ».

Les fausses arrestations

Entre 1994 et 2001, l'impact de l'église s'est considérablement accru et la persécution correspondante s'est intensifiée. En 1996, T.B. Joshua a même été faussement accusé de trafic de drogue et a passé 13 jours en prison. Voici un reportage d'une confession faite trois ans plus tard dans l'église par l'un des officiers qui l'ont arrêté en 1996 sur l'accusation de trafic de drogue :

> Yusuf Hassan, originaire de l'État d'Adamawa, a déclaré qu'il travaillait avec l'Agence nationale de lutte contre la drogue lorsqu'un informateur les a informés que Joshua vendait de la drogue dans les locaux de son église.
>
> Prenant d'assaut la Synagogue, Église de Toutes Les Nations à Lagos avec 18 officiers « armés » et six soldats, Yusuf a raconté comment le clergé a été arrêté puis incarcéré pendant 13 jours.
>
> « Sur le chemin du bureau, nous lui avons demandé de disparaître s'il était un homme de Dieu », se souvient Hassan, décrivant comment les agents se sont tous moqués du clergé en route vers la prison.

Faussement arrêté en 1996

> « Nos agents ont détruit beaucoup de choses en cherchant de la drogue, mais nous n'avons rien trouvé. Le 13e jour, il a été libéré car rien d'incriminant n'a été trouvé sur lui ou avec lui », a poursuivi Yusuf.
>
> Cependant, une fois l'innocence de Joshua établie, Hassan a révélé que tous ceux qui avaient participé à l'opération avaient été victimes d'une catastrophe.
>
> « Parmi les officiers qui sont venus arrêter T.B. Joshua, trois d'entre eux ne sont plus en vie. Les 18 officiers, à l'exception de moi-même, ont tous été licenciés », a-t-il révélé.
>
> Yusuf lui-même a déclaré qu'il était « suspendu » après qu'un procès l'ait conduit en prison pendant dix mois.
>
> « Je veux que Dieu me délivre du rôle que j'ai joué dans cette arrestation », a-t-il conclu.[8]

Imaginez les rumeurs et les commérages qui se sont répandus à cause

---

8 *Throwback as NDLEA Officer recounts arrest of TB Joshua for 'dealing in drugs'* [Retour en arrière alors qu'un officier de la NDLEA raconte l'arrestation de T.B. Joshua pour « trafic de drogue »], The Eagle Online, 23 septembre 2019

de cet incident – un prophète détenu dans une cellule, accusé de trafic de drogue et de détention d'armes. Cependant, ses ennemis ont constaté que même la détention dans une cellule et les fausses accusations n'ébranleraient pas sa foi en Dieu. Lors de sa première apparition à l'église, après avoir été libéré, il a encouragé la congrégation,

> « Si vous vous dites : 'Pourquoi moi avec tous ces ennuis, persécutions, tribulations et toutes sortes de choses ?', je veux que vous réfléchissiez et que vous vous demandiez : 'Pourquoi moi avec toutes ces bénédictions spirituelles dans ma vie ?' »[9]

La marque distinctive d'un Chrétien est que les difficultés, les défis, les pressions et la persécution le rapprochent de Dieu, et pas le contraire.

Emmanuel TV est né !

En mars 2006, une naissance importante a eu lieu, une naissance qui allait changer la vie de nombreuses personnes pour le mieux : Emmanuel TV est né. Cependant, l'émergence d'un moyen de communication aussi puissant s'est produite d'une manière inhabituelle.

« Monsieur », les évangélistes se sont entassés dans le petit bureau, « Notre président interdit que les miracles soient diffusés sur notre télévision ici au Nigéria, à la fois sur les chaînes locales et sur la chaîne nationale. Ils disent qu'à partir de maintenant, nos programmes ne devraient montrer que votre prédication. Cela ressemble à la persécution, homme de Dieu ; beaucoup de gens ont regardé ces chaînes locales et ont remercié Dieu pour ce qui se passait. ».

T.B. Joshua lui-même a expliqué ce qui s'est passé ensuite :

> J'ai supprimé mon programme de toutes les chaînes. Je suis allé à la montagne de prière, et Dieu m'a dit : « Je suis au courant ; Je veux que tu te découvres ». Dieu m'a demandé d'ouvrir une chaîne de télévision, et m'a dit : « Emmanuel TV ». Je l'ai changé moi-même en « SCOAN TV ». Le nuage s'est assombri et Dieu a dit : « Quand tu te réveilleras, change le nom en Emmanuel TV ». J'ai été averti par Dieu. C'est ainsi qu'Emmanuel TV a commencé.[10]

---

9 *Ceci est mon histoire* : Documentaire sur T.B. Joshua
10 *Fear Next!* [Peur ensuite !] *Blog de la SCOAN, 31 mai 2017*

À ces débuts, nous nous souvenons qu'il a déclaré publiquement qu'Emmanuel TV deviendrait plus grand que La Synagogue, Église de Toutes Les Nations. À l'époque, c'était difficile à imaginer, mais maintenant c'est tout à fait vrai. La chaîne par satellite est connue de tous et largement regardée dans une grande partie de l'Afrique subsaharienne. En 2021, Emmanuel TV était devenu la chaîne chrétienne généraliste la plus regardée au monde sur YouTube.

Il était en effet évident que,

> « Le rejet de l'homme provoque la direction de Dieu. ».

L'un des fruits d'Emmanuel TV a été de corriger certaines rumeurs sur ce qui se passe à la SCOAN. Il y a eu plusieurs témoignages où ceux qui persécutaient et parlaient autrefois contre la SCOAN ont, par le biais d'Emmanuel TV, vu la réalité de ce qui se passe et se sont ensuite repentis de leurs paroles et actions précédentes.

Un exemple notable a eu lieu lors du service du dimanche à la SCOAN le 7 avril 2013, lorsqu'un pasteur et sa femme ont publiquement partagé leur témoignage et leur confession. En tant que leader éminent, il avait déjà prêché lors de rassemblements nationaux de jeunes que T.B. Joshua était « l'antéchrist de notre génération ». Cependant, dans une tournure ironique du destin, l'homme contre lequel il avait fait campagne et calomnié religieusement a fini par être celui que Dieu a utilisé pour libérer sa famille de l'esclavage spirituel par la délivrance. C'était après qu'il ait commencé à regarder Emmanuel TV en secret, et ce qu'il a vu était très différent de ce qu'on lui avait dit. Dans ses derniers conseils, il a supplié ses collègues ministres de Dieu de découvrir la vérité avant de se précipiter pour juger.

LE SERVICE EN DIRECT

Depuis 2007, les principaux services de la SCOAN sont diffusés en direct sur Emmanuel TV. Ces services en direct ont été, pour plusieurs dans le monde, un moment fort de la semaine. Partout dans le monde, dans différents fuseaux horaires, l'excitation monte, « Que va-t-il se passer dans le service en direct aujourd'hui ? Que fera Dieu ? Est-ce que T.B. Joshua y participe personnellement, et si oui, quel message d'enseignement biblique apportera-t-il ? Quels témoignages et expériences de vie seront mis en avant ? ».

Les témoignages offriraient une fenêtre sur la vie et les antécédents d'une personne. Les ruptures de mariage et la réconciliation, rien n'était « hors limites » pour que le peuple de Dieu puisse apprendre et être averti par les expériences des autres.

Il y a eu des cas déchirants de femmes âgées qui craignaient tellement d'être qualifiées de sorcières parce qu'elles risquaient d'être brûlées vives. Toute la famille serait invitée à l'église et bénéficierait d'un logement et de la nourriture gratuitement afin que tous les membres clés soient impliqués, aient leur mot à dire et entendent la sagesse de l'homme de Dieu. Chez eux, dans différentes régions du Nigéria, d'autres membres de la famille se rassemblaient autour d'un écran de télévision (en priant pour qu'il n'y ait pas de coupures d'électricité), attendant d'entendre ce que dirait T.B. Joshua. Ces jugements sauveraient des vies, réduiraient la violence due à l'ignorance et préserveraient la dignité de toute la famille.

Les services en direct se terminaient généralement par une Prière de Masse. Celle-ci faisait office de bilan de santé spirituel et permettait de se préparer à la semaine à venir.

« Vite, rassemblez-vous ! Les foyers du monde entier attendaient avec impatience la Prière de Masse, la partie « Prière pour les téléspectateurs » du service en direct et les mots « Téléspectateurs du monde entier, touchez votre écran ». En priant pour les téléspectateurs, T.B. Joshua s'adressait directement à la caméra et tendait la main vers l'objectif. Souvent, la section des témoignages incluait aussi ceux qui s'étaient en effet « connectés par la foi » à cette prière et rendaient maintenant gloire à Dieu avec empressement pour ce qu'Il avait fait.

Le service du dimanche de la SCOAN s'est rapidement transformé en un événement important chaque semaine avec des centaines de visiteurs d'autres nations. À Ikotun Egbe, des hôtels ont vu le jour dans les environs et l'économie locale s'est améliorée grâce à tous les visiteurs qui se pressaient dans les rues à l'extérieur de l'église. Au fur et à mesure que le nombre de visiteurs internationaux à l'église augmentait, l'équipe s'est familiarisée avec les différentes cultures. Le développement du service en direct et le nombre important de visiteurs nationaux et internationaux signifiaient que l'on voyait vraiment la SCOAN à la hauteur de son nom prophétique de Synagogue, Église de *Toutes les Nations*. On pouvait regarder autour de soi et voir un nombre important de drapeaux de différents pays chaque dimanche.

Un père de famille

Mme Evelyn Joshua avec le président Yar'Adua

Dès les premiers jours de notre engagement avec T.B. Joshua, son épouse Evelyn, véritable soutien à ses côtés, était une puissante prédicatrice à part entière. En entrant dans la salle à manger des visiteurs de la SCOAN, on a vu une belle photo d'elle acceptant le prix de l'OFR (Officier de l'Ordre de la République fédérale du Nigéria) du président Yar'Adua au nom de son mari.

Lors de nombreux événements internationaux, s'adaptant gracieusement aux attentes culturelles du pays hôte, elle a reçu en cadeau des fleurs ou d'objets artisanaux sur le podium. Parfois, comme lors de la campagne d'évangélisation sud-coréenne de 2016, Prophète T.B. Joshua était entouré de toute sa famille qui faisait la queue pour accueillir le Comité dans le foyer de l'hôtel. Leurs filles adultes, connues pour leurs excellentes performances académiques, accompagnaient souvent leur père lors de visites caritatives aux personnes âgées et faisaient partie intégrante des équipes opérationnelles d'Emmanuel TV.

Cependant, notre souvenir le plus durable de sœur Evelyn est peut-être celui où, vêtue de bottes en caoutchouc, elle accompagnait son mari marchant d'un pas ferme sur les pistes boueuses de la forêt tropicale en Équateur. Le véhicule coincé dans la boue, ils terminaient à pied le trajet pour ouvrir l'école mise à disposition par Emmanuel TV après le tremblement de terre de 2016. Tout ce qui a été filmé pour la gloire de Dieu grâce à un frère local qui a mis à disposition un cheval pour aider à transporter la femme de l'homme de Dieu et un autre évangéliste dans la dernière partie de ce voyage fatigant.

L'amour pour les animaux a toujours fait partie de la vie de T.B. Joshua, en lien avec la nature et la création. Les oiseaux, les antilopes et les paons se promènent librement sur le site de la « Montagne de Prière » à Lagos, également

T.B. Joshua étudiant à la Montagne de Prière

connu sous le nom de « Faith Resort Ground ». Les animaux ont même figuré dans des productions de type dessin animé d'Emmanuel TV, « reflétant leur enseignement biblique préféré ».

La Sainte Bible – Une partie intégrante de l'histoire

> « La Parole de Dieu a la capacité de développer une force dans notre cœur appelée la foi. ».

Il ressort clairement de l'histoire de l'enfance de T.B. Joshua et de son appel que la Bible a toujours été au centre de sa vie et de son ministère. Nous avons observé au cours des années que son approche de la Bible est différente. Il lit avidement, mais pas de façon « académique ». Et sa prédication parvient à expliquer ce que veut dire la Bible d'une manière simple mais profonde. Les thèmes clés qui parcourent ses messages ne reflètent pas une théologie « systématique », mais plutôt une insistance sur des caractéristiques qui sont importantes pour le cœur de Dieu, comme le révèle la Bible.

La lecture de la Bible est elle-même l'un des thèmes communs de ses sermons, et il devient clair qu'il ne s'agit pas seulement de lire comme on le ferait pour un manuel ou un roman, mais que l'attitude du cœur du lecteur est cruciale. Nous devons lire la Bible comme si nos vies en dépendaient.

Il y a plus de 250 ans, John Wesley a affiché une attitude similaire à la lecture de la Bible. Dans la préface de ses sermons publiés, il écrit,

> « Je suis une créature d'un jour, traversant la vie comme une flèche dans l'air. Je suis un esprit venu de Dieu, et retournant à Dieu : juste planant au-dessus du grand golfe ; jusqu'à ce que, dans quelques instants, je ne sois plus vu ; je tombe dans une éternité immuable ! Je veux savoir une chose – le chemin vers le ciel ; comment atterrir en toute sécurité sur ce rivage heureux. Dieu lui-même a daigné enseigner le chemin : Pour cette fin même, il est venu du ciel. Il l'a écrit dans un livre. Ô donnez-moi ce livre ! À tout prix, donnez-moi le livre de Dieu ! ... Je le médite avec toute l'attention et le sérieux dont mon esprit est capable. » [11]

C'est un exemple clair d'une attitude d'attention à la Parole de Dieu comme si notre vie en dépendait, ce qui est le cas !

Lisez la Parole de Dieu comme si votre vie en dépendait :

Lisez-le - il a un pouvoir purificateur (Jean 15 : 3).

Lisez-le - il a un pouvoir de conversion (1Pierre 1 : 23).

Lisez-le - il a un pouvoir d'endurance (Psaume 119 : 89).

Lisez-le - il a un pouvoir de guérison (Psaume 107 : 20).

Lisez-le - c'est un guide pour vos pieds (Psaume 119 : 105).

Lisez-le - c'est tellement profitable (2 Timothée 3 : 16-17).

Lisez-le - c'est votre arme spirituelle (Éphésiens 6 : 17).

Lisez-le - il vous garde de l'erreur et du péché (Psaume 119 : 11).

Lisez-le - il indique la vie (Proverbes 6 : 23).

Lisez-le - cela réjouit le cœur (Psaume 19 : 8).

Lisez-le - on nous dit de le faire (Josué 1 : 8).

(T.B. Joshua)

---

11 Wesley, J. (1746). *Sermons on Several Occasions; Volume 1* [Sermons à plusieurs reprises; Tome 1]. W. Strahan. Préface

QUI EST COMME MON JÉSUS ?

« Jésus », continua-t-elle de prier, « C'est ma dernière chance, mon dernier arrêt de bus ; s'il te plaît, utilise l'homme de Dieu pour m'aider, s'il te plaît, laisse mon bébé naître en bonne santé. ».

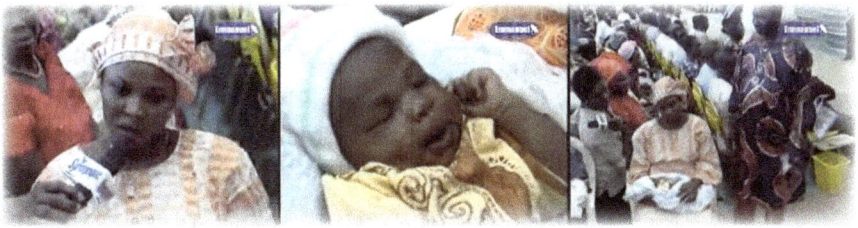

Vêtue d'une robe en tissu orange avec un foulard assorti, elle était venue à la SCOAN tôt le matin dans les transports locaux et avait attendu avec la foule grandissante d'être vue par les évangélistes. Après avoir relaté sa situation difficile, à son grand soulagement, elle s'est retrouvée placée dans la section de la ligne de prière, consciente de son estomac gonflé et du bébé qui ne bougeait plus. Que se passait-il dans son ventre ?

L'obscurité rampante de la peur et de la déception essayait d'infecter ses pensées avec des doutes tels que : « Tu n'es pas la seule femme enceinte ici aujourd'hui. Regarde tous ces gens qui attendent la prière. Pourquoi seras-tu aidée ? ».

Résolument, elle épongea la transpiration de son visage avec un mouchoir et continua sa prière. « Seigneur Jésus-Christ, laisse ta miséricorde et ta faveur parler pour moi aujourd'hui ; Tu es le guérisseur, Tu es le créateur de mon bébé dans mon ventre. S'il te plaît, utilise l'homme de Dieu pour me sauver aujourd'hui ! ».

Soudain, l'attente était terminée. Au loin, au bas de l'allée où, pendant tant d'années, la ligne de prière avait toujours eu lieu, elle pouvait voir de l'action. L'équipe se déplaçait, les caméras étaient évidentes et elle fatiguait ses yeux. C'était lui ? « Oui », dit son voisin, « C'est T.B. Joshua. ».

Alors qu'il remontait la ligne, tendant la main pour prier et prophétiser, l'équipe s'avança et demanda à ceux qui attendaient de se tenir debout pendant qu'ils se tenaient derrière les chaises.

Il est apparu vêtu d'un vêtement beige, de style local, et fixant ses yeux sur elle, a exprimé un ordre. Pour le reste de sa vie, elle n'oublierait jamais ce son. C'était un ordre à son bébé au nom de Jésus-Christ.

Instantanément, elle sentit l'eau couler ; elle était en travail et a commencé instinctivement à enlever sa jupe.

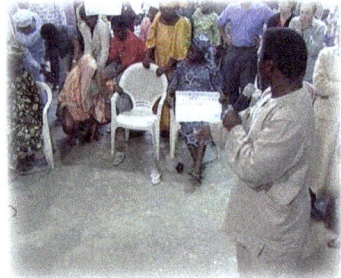
Le bébé est né instantanément sur la ligne de prière

L'homme de Dieu a dit : « Non, non, non ! Couvrez-la ! » et une fois de plus, le son de l'autorité. Immédiatement, son passage s'est ouvert, son utérus s'est ouvert, tout s'est ouvert, et sur le sol est tombé sa petite fille avec le placenta à la suite.

Après cela, les événements sont devenus flous lorsque les aides expérimentées l'ont emmenée aux toilettes et, vérifiant que le placenta était complètement expulsé, ont coupé le cordon, enveloppé son bébé miracle dans un linge propre et l'ont emmenée se reposer.

Nous faisions partie du groupe de visiteurs qui ont été témoins de cet incroyable miracle de nos propres yeux. Le lendemain, les visiteurs ont eu la chance de voir le joli bébé en bonne santé et ont entendu toute l'histoire de sa maladie et le fait que le bébé ne bougeait plus dans le ventre. Nous étions émerveillés et avons remercié Jésus.

La petite fille s'épanouit et grandit. On l'a revu dix ans plus tard à la

SCOAN pour donner un témoignage de suivi et rendre compte de ses excellents progrès scolaires.

Église de Toutes les Nations

Le Saint-Esprit avait conduit T.B. Joshua à déménager à Lagos (l'ancienne capitale coloniale du Nigéria) et le mit à part pour l'œuvre du Seigneur. Il lui a été dit de commencer son ministère et de l'appeler la Synagogue, Église de Toutes Les Nations. Pour mettre cela en contexte, Ikotun Egbe se trouve dans une zone sous-développée à la périphérie de la mégapole tentaculaire, où presque tout le monde est Nigérian. La promesse d'une église pour toutes les nations dans ce quartier semblait presque impossible, comme Abraham dans la Bible dont il a été dit qu'il serait le père de plusieurs nations alors que sa femme était sans enfant et âgée de 90 ans (Genèse 17). De plus, le début de la Synagogue, sous un arbre avec quelques femmes et enfants, était de mauvais augure. Mais ça devait l'être. T.B. Joshua disait souvent :

> « Tout ce qui est grand commence petit ; si quelque chose commence grand, il faut s'inquiéter. ».

Et aussi,

> « Quand une vision vient de Dieu, il y aura un fort désir de la réaliser. Même si vous ne voyez pas comment, vous y parviendrez. Peu importe les obstacles sur le chemin de votre destination, vous trouverez toujours des moyens de construire des ponts qui comblent l'écart entre l'endroit où vous êtes maintenant et votre destination. » (Voir Philippiens 3 : 13).

Avant même que des visiteurs internationaux ne viennent à Ikotun Egbe, les membres de l'église connaissaient tous la vision qu'un jour l'église serait mondiale avec des visiteurs du monde entier. Plus tard, nous avons rencontré quelqu'un qui était venu étudier au Royaume-Uni et avait entendu dire cela fréquemment au tout début de l'église. Il s'était demandé comment cela pourrait arriver. Mais elle était aussi dans l'église le premier jour où un visiteur international est apparu, un pasteur blanc d'Afrique du Sud qui avait entendu parler des miracles, et elle a su que Dieu était fidèle pour accomplir Ses promesses.

Les premiers groupes de visiteurs

Dans les années 1990, de fervents croyants en Jésus (principalement d'Occident et de conviction protestante) étaient prêts à parcourir le monde à la recherche d'un réveil, c'est-à-dire d'une preuve de la puissance de Dieu en action. Les croyants Chrétiens, d'abord en Afrique du Sud, puis en Europe, aux États-Unis et en Asie, ont commencé à entendre parler de cet homme au Nigéria. Il vivait une vie simple de prière dans une hutte, un homme vertueux que Dieu utilisait. Les gens étaient impressionnés par ce qu'ils entendaient au sujet de cet humble homme de Dieu qui passait beaucoup de temps dans la prière. Il était évident que Dieu l'utilisait puissamment par des signes et des prodiges.

La puissance de Dieu était palpable et évidente, et n'avions-nous pas tous besoin de puissance ? Oui, en effet, mais ceux qui ont visité la SCOAN ont rapidement compris qu'il s'agissait plutôt de la justice, recherchant d'abord le Royaume de Dieu.

À partir de 1999 environ, des visiteurs internationaux ont commencé à venir. Les malades recevaient la guérison, les opprimés étaient délivrés, et les témoignages étaient nombreux ! Suite à nos premières visites en 2001, nous avons commencé à emmener des amis pour découvrir cette grande église. Les groupes de visite se sont rapidement développés, principalement par le bouche-à-oreille, pour inclure d'autres personnes que nous n'avions pas rencontrées auparavant.

Il y avait beaucoup de personnes différentes qui facilitaient les groupes de visite à la SCOAN à cette époque-là. Les visiteurs s'émerveillaient de ce que Dieu faisait mais essayaient aussi de l'intégrer dans une « boîte de réveil ». Mais c'était différent – un homme vertueux, un prophète aux proportions bibliques, un Joshua moderne. Les miracles et les démonstrations d'autorité sur les mauvais esprits, certains en particulier, étaient visuellement étonnants. Cela provoquait une réaction chez certains qui étaient émerveillés et d'autres sceptiques.

Certains de ceux qui étaient émerveillés ont essayé de copier les aspects

Qui est comme Mon Jésus

extérieurs de ce qu'ils voyaient – le style de prière, etc. D'autres se sont intéressés à la Synagogue en tant que modèle potentiel pour la manière de « construire l'église ». Mais c'était manquer l'essentiel. Comme nous avions l'habitude de dire aux gens avant leur visite, « Il n'est pas question de la Synagogue à La Synagogue mais d'un nouveau niveau de dévotion à Jésus-Christ. ».

> *« Après ma visite à la SCOAN, je ressens constamment la présence du Saint-Esprit qui me guide et l'amour de Jésus-Christ. »*
> **Animesh, États-Unis**

De nombreux visiteurs venaient avec leur sujet de prière comme une liste de courses, mais le Saint-Esprit guérissait, délivrait, bénissait comme Il le voulait ! Comme l'a dit le théologien allemand du XVe siècle Thomas à Kempis, dans son livre classique L'Imitation du Christ, « Homo proponit, sed Deus disponit », ou « L'homme propose, mais Dieu dispose ».

T.B. Joshua a expliqué certaines des limites d'une approche à la prière comme une « liste de courses »,

« Les gens pensent aujourd'hui que la guérison, les miracles, les dons de prophétie et toutes les bénédictions de Dieu sont opérés à volonté par la personne concernée. C'est pourquoi lors que vous rencontrez un prophète, vous demandez la prière, sans vous soucier de savoir si c'est le bon moment ou non. Nous ne sommes pas habitués à un prophète. »

L'EXPÉRIENCE DE LA VISITE

Le vaste pays du Nigéria n'est généralement pas une destination pour les touristes internationaux. La plupart des gens ne s'y rendaient que pour les affaires ou parce qu'ils appartenaient à la diaspora, pour visiter la famille. Il était souvent difficile d'obtenir des visas même avec une invitation formelle de l'église, une condition préalable à la visite.

Les visiteurs étaient traités comme des invités individuels de T.B. Joshua, et au début, il n'y avait pas de frais. Au fur et à mesure que le nombre augmentait, l'hébergement était facturé, y compris la nourriture et le transport.

Un visiteur sud-africain a décrit la SCOAN comme « un petit coin de paradis sur terre ». Pourquoi ? À cause d'un accomplissement de la prière du Seigneur, « Que ton règne vienne, que ta volonté soit faite sur la terre comme au ciel ». C'est un endroit sur terre où la volonté de Dieu est faite, et le Royaume de Dieu est avancé.

Il y avait un sens incroyable de la justice et de la sainteté que l'on ressentait lors de la visite de la SCOAN. Là, le désir de lire la Bible augmentait, et on était plus conscient du péché et de la nécessité de changer. Dieu était réel et sa présence pouvait être ressentie. Certains visiteurs d'Europe de l'Est ont également affirmé avoir vu des anges à l'église et à la montagne de prière. Parfois, il y avait des phénomènes inhabituels dans les photos qu'ils prenaient, comme celle prise ici en 2006 à l'entrée de l'église.

La principale raison des visites était la recherche de Dieu pour le « salut de l'âme », se rapprocher de Lui et grandir dans la sainteté. L'accent était entièrement mis sur sa vie spirituelle et sa marche personnelle avec Jésus-Christ, dont le nom est tenu en honneur suprême à la SCOAN. Nous avons trouvé cela très rafraîchissant.

Nous avons toujours dit aux visiteurs potentiels de nos groupes qu'une semaine à la SCOAN ressemblait plus à une retraite dans un monastère qu'à une conférence chrétienne typique, avec son programme prédéfini de sessions d'enseignement et de ministère. À tout moment, les visiteurs pouvaient être appelés à prier, à recevoir un enseignement ou même à se rendre à la Montagne de Prière la nuit.

La salle à manger des visiteurs faisait office de « salle commune ». Entre les repas, les visiteurs étaient généralement encouragés à prendre leur Bible et leurs cahiers et à regarder une sélection de vidéos d'enseignements bibliques, de miracles et de délivrances. Au fur et à mesure que

Fiona à la Montagne de Prière en 2005

Emmanuel TV se développer, ses programmes remplaçaient ces cassettes VHS. Le sanctuaire de l'église était ouvert sept jours sur sept pour la prière personnelle, et de nombreux visiteurs choisissaient d'y passer un « temps calme » chaque jour. Il y avait aussi des visites à la Montagne de Prière, des enseignements en direct, et parfois des sessions de questions-réponses avec T.B. Joshua.

Un jour, il parlait aux visiteurs et leur a demandé : « Voulez-vous connaître le numéro de téléphone direct de Jésus – celui qu'il faut appeler pour obtenir une réponse, pas seulement pour brasser de l'air avec de grands cris ? ». Nous avons tous écouté, essayant de comprendre, et il a expliqué très simplement – le numéro de téléphone de la ligne directe est « croire ». C'est-à-dire que lorsque nous parlons à Dieu, nous devons croire qu'Il nous entend et qu'Il répondra à Sa manière et en Son temps. Nous ne faisons pas que brasser de l'air.

Pour la plupart des visiteurs, les grands moments forts étaient le service du dimanche et, au début, les services du mercredi également. Nous étions souvent invités à assister aux réunions du lundi des nouveaux arrivants. Les services duraient généralement toute la journée et, dans certains cas, ils s'étendaient également jusqu'à la nuit tombante. Tous les services ont continué même au milieu du grand projet de reconstruction de la nouvelle « cathédrale » en 2003.

Construction du nouveau bâtiment de l'église en 2003

Beaucoup venaient nous voir en tant que chefs de groupe et disaient : « Je veux que T.B. Joshua me parle dans le service ; je veux discuter de mon problème avec lui ». Nous avions toujours une réponse, « Vous devez aller au sommet, parler à son général, son patron – Jésus-Christ !

C'est Lui qui instruit T.B. Joshua, qui n'est qu'un serviteur. ».

Avant le service au cours duquel ils recevraient la prière, les visiteurs étaient interrogés et leurs examens médicaux étaient affichés audacieusement sur des pancartes. C'était une approche nouvelle pour beaucoup, mais le but était de faire honte à satan, le « malin ».

Après avoir reçu la prière, certaines personnes ressentaient le besoin de « vomir » ou de tousser et cracher un excès de salive, de mucosités ou même de sang. C'était un phénomène nouveau pour de nombreux visiteurs, mais nous nous sommes rendu compte plus tard que cela n'était pas confiné à une culture en particulier ; cela se produisait dans d'autres pays où T.B. Joshua ou ses évangélistes se rendaient pour prier. La réponse indiquait souvent une forme de délivrance des mauvais esprits et était fréquemment accompagnée d'un soulagement de la douleur ou d'une autre guérison.

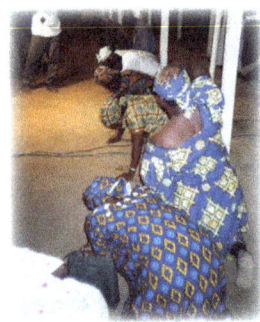

Vomissant de substances toxiques

Une équipe sanitaire s'armait de gants, de serpillières, de désinfectants, de seaux et de sables propres dans la ferme attente que la puissance de Dieu se manifesterait de cette manière ; plus tard, on y introduisit des plateaux désinfectés lors d'événements. À la SCOAN, de fortes dames d'âge moyen assuraient généralement ce rôle, magnifiquement habillées avec leur couvre-chef coloré.

La personne qui vomissait était encouragée à s'agenouiller et non à se coucher sur le dos pour des raisons de sécurité. Il y avait une observation vigilante, et une fois que tout était terminé, on offrait à la personne des mouchoirs propres pour s'essuyer la bouche et un bras rassurant pour l'aider à s'asseoir sur sa chaise.

L'autorité sur les mauvais esprits pendant les services était à un niveau comme nous lisons dans le Livre des Actes. Il y avait une saison où les « ogbanjes » (individus diabolisés) étaient spirituellement « arrêtés » par la prière. Sans un contact humain, leurs jambes se verrouillaient dans une position croisée, et ils étaient assistés par un enseignement biblique, de la nourriture et un abri pendant quelques jours, généralement jusqu'au prochain service. À ce stade, ils étaient alignés à côté de l'autel de la SCOAN, ils confessaient, puis recevaient la délivrance et étaient encouragés à reprendre le cours de leur vie en vivant pour Jésus.

La confession publique, souvent classée privée dans son contenu, faisait partie intégrante des principaux cas de délivrance ; c'est ainsi que les gens pouvaient apprendre et être avertis pour ne pas tomber dans le même piège. Certaines des histoires ne pouvaient être décrites que comme « ébouriffantes » et ne convenaient certainement pas aux oreilles sensibles. Pourtant, ils étaient une éducation « brute » pour beaucoup de ceux qui avaient vécu une vie protégée.

> *« Avant ma délivrance à la SCOAN, j'accordais tellement de valeur aux choses du monde, mais maintenant j'ai trouvé un but à la vie et au-delà. »*
> **Lérato, Allemagne**

Au fil des ans, différents exemples ont donné un aperçu du monde spirituel. Il y avait des histoires de surveillance de cadavres pendant des mois, toutes sortes de façons dont les mauvais esprits pouvaient avoir un impact sur le corps et l'âme humains, et des descriptions détaillées des tentations qui éloignaient les gens de la vie de famille stable vers la dépendance à la pornographie, la fornication, la violence, l'adultère ou la fraude. Alors que l'accès à Internet s'est répandu plus largement sur le vaste continent africain grâce à la technologie des « Smartphones », il y a eu une saison où l'accent a été mis sur la délivrance et la confession des « cas d'Internet ».

Rencontrer l'homme de Dieu

Depuis plus de 25 ans, T.B. Joshua a essayé de voir, individuellement, chaque visiteur – vieux et jeune, riche et pauvre, éduqué et non éduqué, croyant et incroyant, Chrétiens, ceux d'autres confessions ou sans confession. Cette rencontre était la seule chose que chaque visiteur international attendait avec impatience. C'était un marathon pour l'équipe de la SCOAN de faire en sorte que chaque visiteur voie l'homme de Dieu et les amène bien entendu à l'aéroport à l'heure. C'était une mission sacrée dans laquelle l'équipe des évangélistes excellait.

On attendait, le cœur battant, sur les chaises à l'extérieur du petit bureau. En entrant, on rencontrait 'Monsieur' ou 'Prophète' T.B. Joshua en fonction de la façon dont on avait utilisé le temps à la SCOAN et de son ouverture à Dieu. Certains n'ont vu que « Monsieur » et ont reçu un accueil, une poignée de main et un sac de cadeaux tels que des vidéos, des notes de sermons, des T-shirts ou des autocollants oints. D'autres ont vu un prophète, un vrai croyant dont l'Eau de Vie coulait de son sein, le Saint-Esprit, pour répondre à leurs besoins par la prophétie et la prière ointes. Mais de l'extérieur, tout paraissait à l'identique.

> *« Quand vous êtes proche de l'homme de Dieu, vous ressentez la crainte de Dieu, une atmosphère tremblante et du respect. Et cela vous conduit assurément à un plaisir plus profond et à la sainte crainte de Dieu. »*
> **Julia, Ukraine**

Profondément rassurés que le christianisme n'était pas une religion mais une relation avec Jésus, et que les Actes des Apôtres se produisaient encore aujourd'hui, avec nos cœurs remplis de la joie de Dieu, on avait des adieux chaleureux de la part de l'équipe, et on montait dans le bus pour aller à l'aéroport.

Tel était le cas d'un certain vieil homme britannique.

Un ami, un pasteur, s'inquiétait pour son père, qui était un incroyant convaincu. Lors d'une des visites à la SCOAN, il a emmené son père, qui avait un problème de cataractes sévères. Ce qui s'est passé était incroyable ! Cet homme, d'une quatre-vingtaine d'années, a été bien pris en charge mais n'a pas été placé sur la ligne de prière. Dans le bureau avec son fils, Prophète T.B. Joshua lui a donné une parole personnelle de connaissance, quelque chose que personne ne savait, pas même son fils. Le lendemain, dans l'avion de retour, le père pleura et confessa à son fils, qui le conduisit alors dans une prière d'engagement envers Jésus-Christ. À partir de ce jour, le père était différent, voulant apprendre les Écritures. Peu de temps après, il mourut et Fiona assista aux funérailles remplies de joie où le pasteur se réjouit, déclarant sa conviction que son père était maintenant au paradis.

Notre foi est plus précieuse que l'or. Le Dieu que nous servons est au-delà des épreuves et des joies de cette vie ; seule la foi plaît à Dieu.

La foi en action

Lors d'une session d'enseignement pour les visiteurs, T.B. Joshua nous a encouragés, avec un sourire paternel : « Vous cherchez la guérison, mais si vous allez au marché, vous comprenez que vous ne pouvez pas acheter un vêtement de 5 $ avec seulement 2 $. De la même manière, votre capacité de croire doit augmenter pour ce que vous demandez. La foi est une monnaie céleste qui achète des choses célestes. La quantité de foi que vous avez est la quantité de ressources célestes que vous recevez. C'était un message simple que nous pouvons tous comprendre. La question était donc : « Comment pouvons-nous augmenter notre capacité de croire ? ». La réponse est venue rapidement,

> « Votre capacité de croire peut augmenter ou diminuer en fonction de la fréquence à laquelle vous nourrissez votre âme avec la Parole de Dieu, la Sainte Bible. »

Nous avons aussi appris que la foi doit être mise à l'épreuve pour s'établir dans nos cœurs et grandir.

Il y avait des moments où la foi d'une personne était testée puissamment tout comme la mère de la fille possédée que Jésus et ses disciples ont ignorée.

« Le voyage à la SCOAN a changé ma vie. J'ai été libéré de l'esprit de peur. J'ai maintenant appris à penser d'une nouvelle manière et ma vie spirituelle s'est développée. »
Veronika, Estonie

« Et voici, une femme cananéenne, qui venait de ces contrées, lui cria : Aie pitié de moi, Seigneur, Fils de David ! Ma fille est cruellement tourmentée par le démon. Il ne lui répondit pas un mot, et ses disciples s'approchèrent, et lui dirent avec insistance : Renvoie-la, car elle crie derrière nous. » (Matthieu 15 : 22-23).

Jésus testait sa foi. En fin de compte, l'éloge que Jésus a fait à cette femme est un message et un encouragement pour tous.

« Femme, tu as une grande foi ! » (Matthieu 15 : 28).

Cette occasion est mémorable à bien des égards, et nous en avons vu un écho en T.B. Joshua, alors qu'il félicite publiquement les humbles villageois pour leur croyance inébranlable dans le pouvoir rédempteur de Jésus.

Un service dominical de la SCOAN, 2009

Certains visiteurs sont entrés sur le site de la SCOAN, ont pris une profonde respiration et savaient dans leur cœur qu'ils étaient arrivés dans l'arène de la liberté. Ce genre de foi reçoit de Dieu. Que la personne ait été placée sur une ligne de prière ou non, qu'elle ait été hébergée dans l'enceinte de l'église ou dans un hôtel local à proximité, que quelqu'un lui ait imposé les mains en priant ou non, cela n'avait pas beaucoup d'importance. Que leurs proches dans le besoin soient présents avec eux ou qu'ils n'aient apporté que leurs photos, cela importait peu. Ils avaient la monnaie céleste de la foi en Jésus Christ, notre médiateur et avocat. Ces personnes témoignent souvent la semaine suivante, indiquant clairement qu'il n'y a pas de méthodes ou d'étapes extraordinaires à suivre.

De même, une personne pourrait faire partie d'un groupe, être placée sur la ligne de prière et recevoir de Dieu, mais ensuite perdre rapidement la bénédiction en rentrant chez elle. Nous avons un rôle essentiel à jouer dans le maintien de notre bénédiction !

Tout ce qui est grand commence petit ; notre confiance en Dieu comme Guérisseur doit être exercée dans les petits défis de la vie quotidienne. Comme tout coureur le sait, on ne peut pas courir un marathon si on ne peut même pas courir 5 km.

Parfois, on demandait aux visiteurs d'apporter une photo de leur proche malade et de se tenir à la brèche pour eux. Pour ceux qui pouvaient recevoir cela dans la foi, ils voyaient la visite comme un moment pour se rapprocher de Dieu et placer leurs proches entre Ses mains puissantes. Prophète T.B. Joshua pourrait bien recevoir de Dieu une prophétie personnelle ou une parole de connaissance pour la personne dans de tels cas. Dieu répond à notre foi, pas à notre désespoir.

D'autres visiteurs ont appris dans l'attente car en effet, « le temps de Dieu est le meilleur ». Nous nous souvenons bien d'une dame Russe, qui n'a pas reçu la confirmation de sa demande de visite à la SCOAN et s'est demandé pourquoi. Plusieurs mois ont passé, et elle a joyeusement rejoint un autre groupe de visite plus tard et a reçu la prière, pour elle et sa famille, lors du service du dimanche. Le lendemain, nous l'avons rencontrée à la table du petit-déjeuner, faisant des va-et-vient pour trouver le traducteur.

> *« Je suis allé à la SCOAN en tant que religieux et je suis revenu chez moi en tant qu'une nouvelle personne, nouvelle créature en Christ. »*
> **Ausrine, Lituanie**

Que s'était-il passé ? À bout de souffle, elle a expliqué : « Dieu a exaucé mes prières ! J'ai eu un coup de fil ; le mari de ma fille est en prison. Aujourd'hui, on lui a dit que sa peine d'emprisonnement avait été raccourcie de neuf mois et qu'il était sur le point d'être libéré ! Elle leva les bras vers le ciel en proclamant en russe « Спасибо тебе, Иисус! (Merci Jésus !) ». Vraiment, les voies de Dieu ne sont pas nos voies. Il guérit et bénit comme Il veut.

LES TÉMOIGNAGES POUR LES GÉNÉRATIONS À VENIR

Pendant le ministère terrestre de Jésus, les miracles ont amené les gens à entendre le message du salut. Comme T.B. Joshua disait souvent,

> « Un miracle n'est pas une fin en soi, mais un moyen pour une fin – qui est le salut de votre âme. ».

L'une des instructions que le Saint-Esprit lui a données depuis le début de son ministère était de 'garder une trace'. Son documentaire Mon Histoire, par exemple, est ainsi étayé par des preuves visuelles dès les premières étapes.

Nous avons dans la Bible le récit de certains des miracles du ministère terrestre de Jésus-Christ. Nous lisons comment un homme qui attendait à la piscine de Bethesda était invalide depuis 38 ans ; comment une femme qui avait une perte de sang depuis 12 ans a touché le bord du vêtement de Jésus, ayant dépensé tout son argent pour essayer de trouver un remède. Pour que ces faits aient été enregistrés, il fallait que quelqu'un ait interrogé les personnes qui avaient été guéries.

« Jésus a fait encore, en présence de ses disciples, beaucoup d'autres miracles, qui ne sont pas écrits dans ce livre. Mais ces choses ont été écrites afin que vous croyiez que Jésus est le Christ, le Fils de Dieu, et qu'en croyant vous ayez la vie en son nom. » (Jean 20 : 30-31).

Le but du récit dans les Évangiles est clair. Il s'agit d'amener le lecteur à une position de foi salvatrice en Jésus-Christ.

La passion intense de T.B. Joshua pour voir Jésus glorifié et les gens sauvés a conduit tout le département média du ministère de la SCOAN et d'Emmanuel TV.

Premières vidéos VHS de la SCOAN

Un enregistrement vidéo était souvent réalisé avant, pendant et après la prière. Les visiteurs recevaient des copies des témoignages vidéo à emporter chez eux et à utiliser selon les instructions du Saint-Esprit. 'Miracles Divins Partie 5' est la célèbre cassette VHS qui a parcourue de nombreux pays montrant la guérison de l'homme d'un cancer des fesses.

L'un des premiers encouragements que nous avons reçus était d'essayer de diffuser les vidéos des miracles à un public beaucoup plus large. Nous les avons montrés à nos amis, mais la plus grande vision pour parvenir, comme rassembler les gens dans un cinéma ou un club pour regarder ces puissantes délivrances, semblait, vraiment, « difficile ». Comment cela pourra arriver au Royaume-Uni ? Prophète T.B. Joshua, un homme qui regardait au-delà, avait-il vu l'avenir quand Emmanuel TV prendrait d'assaut YouTube et que les gens regarderaient les vidéos du monde entier (façon cinéma) depuis leur salon ? À l'époque, en 2001 et 2002, on ne pensait même pas à partager de vidéos en ligne.

Comme dans d'autres domaines de la vie, il y a la part de Dieu et il y a la nôtre. Dieu opère le miracle, mais il était de notre responsabilité d'enregistrer le témoignage d'un miracle d'une manière qui communique clairement. Voilà pourquoi, généralement, ceux qui venaient pour la prière à la SCOAN étaient interrogés lors d'une période d'inscription et étaient invités à fournir un rapport médical officiel si leur cas était d'ordre médical. Cette période d'entretien était également l'occasion de conseiller ceux qui cherchaient la guérison et, dans certains cas, de leur conseiller de prendre d'autres mesures pour édifier d'abord leur foi en Jésus-Christ.

> *« Après chaque visite à la SCOAN, Jésus change notre caractère, nos habitudes et notre état d'esprit. »*
> **Rytis, Lituanie**

Ensuite, pendant la prière proprement dite, l'équipe de caméra était une partie cruciale du ministère. Après tout, seule une poignée de personnes pouvait voir clairement la session de prière devant eux ; des milliers d'autres pouvaient le voir sur des écrans positionnés un peu partout dans l'église ; potentiellement des millions d'autres pouvaient le voir via des diffusions en direct et des vidéos enregistrés. De ce fait, il était important, pour la gloire de Dieu, que les caméras aient une vue dégagée.

Les membres infatigables de l'équipe restaient longtemps après la fin des services, interrogeant ceux qui avaient un témoignage immédiat ou une expérience à partager qui encouragerait les autres à croire en Christ.

La guérison divine

> « La guérison divine est la puissance surnaturelle de Dieu, apportant la santé au corps humain. ».

La preuve physique du surnaturel provoquant des changements dans notre corps, que nous appelons « la guérison divine au nom de Jésus-Christ », n'est pas magique ; ce n'est pas un « pouvoir » abstrait. Nous le recevons par grâce et le maintenons par la foi. La guérison divine, la délivrance et la percée sont disponibles gratuitement à travers la croix de Jésus-Christ.

Comme T.B. Joshua l'enseigne régulièrement, la guérison dans la bible est une promesse relative au sacrifice de Jésus sur la croix,

> « Toute la punition que Jésus-Christ a reçue avant et pendant sa

crucifixion était pour notre guérison : esprit, âme et corps. »

« Christ a payé pour votre guérison parfaite et complète quand Il est mort sur la croix. » (Voir 1 Pierre 2 : 24).

« Il n'y a qu'un seul motif pour revendiquer la guérison, la bénédiction, le salut, la protection – par Ses meurtrissures. ».

« Vous n'avez peut-être pas expérimenté la guérison, mais cela ne veut pas dire qu'Il ne l'a pas fournie ; par Ses meurtrissures, nous sommes guéris. ».

De nombreux autres hommes et femmes de foi au fil des années ont également enseigné le principe de la guérison divine par l'expiation. Par exemple, A. B. Simpson (1843-1919), fondateur de l'Alliance chrétienne et missionnaire a écrit,

L'expiation de Jésus-Christ couvre nos maladies et fournit une base solide pour réclamer, en Son nom, la guérison divine par la simple foi, et lorsque nous marchons dans la sainte obéissance, qui, bien sûr, est l'élément indispensable à travers lequel nous pouvons continuer à recevoir n'importe quelles bénédictions de l'Évangile.[12]

NE LIMITEZ PAS DIEU

Jésus a fourni la guérison, mais T.B. Joshua enseigne également à partir de la Bible que nous ne devons pas limiter Dieu à certaines réponses à la prière.

« Lorsque vous priez, vous ne devez pas limiter Dieu à certaines réponses ; que votre prière soit des remerciements, non seulement pour ce qu'Il a fait seul, mais pour ce qu'Il est capable de faire, car nous ne savons peut-être pas à quel point nous avons besoin de Lui. Il est capable de faire plus que nous ne pourrions jamais imaginer. ».

Nous, en tant qu'êtres humains, pouvons être très exigeants. Nous pouvons nous asseoir tranquillement dans l'église, mais ces questions et bien d'autres pourraient faire rage dans nos cœurs :

- « Tout dépend de Dieu ; c'est lui qui a le pouvoir ; Il peut me

---

12   Simpson, A.B. (Aug 1890). *Divine Healing in the Atonement* [Guérison divine dans l'expiation]. Christian and Missionary Alliance Weekly, pp. 122–124

guérir s'Il le veut. ».

- « J'ai économisé et payé (ou emprunté) beaucoup d'argent pour venir ici ; par conséquent, Dieu doit exaucer ma prière ! ».
- « Mon familier est proche de la mort, Jésus doit le toucher aujourd'hui. ».
- « Je ne supporte plus ma situation au travail, l'homme de Dieu doit me parler aujourd'hui. ».
- « Je prie toute la nuit à la veillée ; je fais mon jeûne ; je pleure toute la journée ; il faut donc que Dieu m'entende. ».
- « J'ai payé ma dîme pendant de nombreuses années, je suis un bon membre d'église et j'aide à enseigner l'école du dimanche. Pourquoi toutes ces maladies devraient-elles m'affliger ? ».
- « J'ai dépensé tout mon argent, visité tous les thérapeutes alternatifs bien connus, les sangomas (herboristes, sorciers) dans mon pays, mais je ne vais pas mieux. Cet homme de Dieu peut-il m'aider ? ».
- « Je ne crois pas vraiment à tout cela, mais j'ai entendu dire que ce pasteur avait un certain pouvoir ; peut-être qu'il m'aidera. ».

Le thème qui revient en écho dans tous les encouragements donnés à ceux qui souffrent est que Jésus n'a jamais promis d'éloigner les croyants des moments difficiles ou des épreuves, mais de nous aider à les traverser. Comme T.B. Joshua expliquait souvent,

> « Que Jésus me guérisse ou non, Il est mon Guérisseur ; qu'Il me bénisse ou non, Il est ma Bénédiction. ».
>
> « Apprendre à écouter Dieu après la prière est la plus grande bénédiction que ce que vous recherchez. ».

Encore une fois, nous voyons que le Christianisme n'est pas une religion, une formule ou une technique pour réussir, mais une relation personnelle avec Dieu à travers Jésus-Christ.

Evelin de Hongrie est typique de ceux qui ont reçu la guérison divine par la prière à la SCOAN. L'amélioration physique est une grande bénédiction, mais la croissance dans la relation avec Dieu est encore plus grande.

> « J'ai perdu l'ouïe de l'oreille droite quand j'étais enfant. La raison

était inconnue, et malgré différents traitements et l'ablation de mes amygdales, il n'y a pas eu d'amélioration. Finalement, les médecins m'ont dit que les nerfs étaient endommagés et il n'y avait pas de solution à mon problème, ce qui causait beaucoup de désagréments dans ma vie de tous les jours. En tant qu'adulte, j'ai continué à recevoir le même diagnostic et à part l'utilisation d'une prothèse auditive, qui était inconfortable et un peu délicat à utiliser, il n'y avait pas de solution.

Après plus de trente ans de cette surdité, juste un seul toucher du Ciel à travers l'homme de Dieu, Prophète T.B. Joshua (en 2016) a mis fin à cette condition. Mon oreille s'est ouverte et mon témoignage est allé très loin, atteignant des gens dans différentes nations et continents.

Cependant, le plus grand miracle n'a pas été ma guérison mais le fait que j'ai eu une part de la grâce et de l'onction d'un prophète de Dieu, qui m'a donné la plus grande de toutes les bénédictions : j'ai appris à suivre le processus et le calendrier de Dieu et à prier selon Sa volonté par Son Esprit. Il n'y a pas de mots pour exprimer ma gratitude ; tout ce que j'ai, c'est une vie pour Jésus. ».[13]

Dieu et la médecine

Le fait que Jésus guérit encore aujourd'hui ne nie pas le noble travail de la profession médicale en nous diagnostiquant et en nous traitant lorsque nous sommes malades.

> « Si vous ne pouvez pas croire en Dieu avec des médicaments, vous ne pourrez pas croire en Dieu sans médicaments. ».

T.B. Joshua a proclamé ce message lors d'un service dominical en direct sur Emmanuel TV. Il l'a répété en disant : « Écrivez-le ! ».

Il ne s'agit pas d'une situation « soit / ou », soit vous utilisez des médicaments au lieu de croire en Dieu, soit vous croyez en Dieu au lieu d'utiliser des médicaments. Il s'agit plutôt de votre relation avec Dieu. Si nous ne croyons pas que Jésus est avec nous par sa Parole, par son Esprit avec notre traitement médical, nous trouverons difficile de croire en Dieu à

---

13 Communication privée.

travers Ses promesses dans la Sainte Bible pour la guérison surnaturelle.

Depuis les nombreuses années passées que je facilite la visite de dizaines de groupes internationaux à la SCOAN, il est apparu qu'il existe de nombreuses opinions différentes sur la guérison et la délivrance. Ceux-ci peuvent aller de ceux qui croient que le temps des miracles est passé avec les apôtres quand ils sont décédés, que maintenant Dieu n'aide que par les merveilles de la médecine moderne, à d'autres qui voient chaque symptôme et chaque maladie en termes spirituels, une attaque qui a besoin d'être délivrée uniquement par la prière.

Nous avons également rencontré une école de pensée qui considère tout comme pouvant être acheté avec de l'argent ou exigible à nos conditions, en particulier lorsqu'il est lié à des problèmes de santé que les médecins ne peuvent pas aider. Cependant, tout comme la sainteté de la Bible n'est pas à vendre, la guérison n'est pas non plus à vendre ou disponible parce que nous crions assez fort. Cela a révélé une hypothèse chez une telle personne selon laquelle il doit y avoir quelque part ce « pouvoir » stocké, et plus de supplications et d'exigences le forceraient à sortir.

Différentes cultures utiliseraient différentes manières pour décrire leurs problèmes. Ceux qui viennent de pays dotés de services de santé plus développés parleraient de « tendances familiales » vis-à-vis de certaines maladies, par exemple, des problèmes cardiaques et des cancers courants dans la famille. Il ne serait pas étonnant que beaucoup de ces personnes courent vers Dieu en dernier recours quand tout le reste semble avoir échoué.

Ceux issus de cultures ayant des approches différentes de la santé, où les gens étaient aussi susceptibles de consulter l'église ou l'herboriste local (sorcier) que le médecin, se rapporteraient davantage au terme malédiction ancestrale ou familiale. En fait, qu'il s'agisse de tendances familiales ou de malédictions familiales, les effets sur la vie des gens à travers les continents étaient souvent similaires.

Certaines personnes trouveraient qu'elles seraient plus susceptibles d'avoir des complications de leur maladie, tandis que d'autres répondraient bien au traitement. Certaines familles étaient susceptibles de mourir plus jeunes de maladies ou d'accidents graves, tandis que d'autres étaient épargnées. T.B. Joshua explique que lorsque la maladie devient une malédiction, seul Jésus peut enlever la malédiction.

La vie est un champ de bataille. Lors d'un service, il a dit publiquement : « Laissez-moi vous montrer le visage du cancer », et prononçant un mot d'autorité sur une femme sur la ligne de prière qui était malade d'un cancer, le visage s'est instantanément changé en un visage démoniaque maléfique.

Dans certains cas, une délivrance conduirait à une guérison instantanée, tandis que d'autres trouveraient que leurs conditions répondraient différemment au traitement après la prière. Nous sommes arrivés à comprendre qu'il n'y a pas de réponses simples, sauf croire en Jésus jour après jour à travers les tempêtes et les vicissitudes de la vie.

Les médecins soignent, Dieu guérit

Depuis les premiers temps du Christianisme, les Chrétiens sont connus pour prendre soin des malades.

Il existe de nombreux exemples de médecins et de chirurgiens pieux qui ont vu Dieu comme celui qui les a inspirés à acquérir les compétences spécialisées nécessaires pour effectuer des opérations chirurgicales complexes. Il y a aussi ces croyants pieux qui font des recherches en médecine qui conduiraient à de grandes découvertes pour soulager la souffrance. Un exemple est celui d'Alexander Fleming, en découvrant les antibiotiques, a déclaré cette célèbre phrase : « L'esprit non préparé ne peut pas voir la main tendue de l'opportunité », et « la nature fabrique la pénicilline ; je l'ai trouvé. ».

Dieu est bien le Dieu de la nature, comme T.B. Joshua le dit souvent, et les médicaments opèrent dans le domaine de la nature. Comme un agriculteur exerce sa foi en la nature, sans promesse précise, lorsqu'il plante une graine et s'attend à ce qu'elle pousse sans la déterrer pour la vérifier, ainsi les croyants en Christ devraient avoir foi en le Dieu de la nature, d'autant plus qu'ils ont tant de promesses consignées dans la Bible.

T.B. Joshua a toujours maintenu le plus grand respect pour la profession médicale mais a souligné que les serviteurs de Dieu et les médecins devraient travailler ensemble. Au fil des années, de nombreuses personnes ont demandé de l'aide pour leurs conditions, et il les a aidées à suivre un traitement médical spécialisé. Dans un de ces cas, va-t-il expliqué,

> « Quand un patient est devant moi, je demanderai à Dieu, 'Que voulez-vous que je fasse, Monsieur ?' Si Dieu dit : « Emmène-le à tel endroit » – je connais ma limite. Je dois avoir une limite parce que je ne suis pas Dieu ; c'est seulement Dieu qui n'a pas de limite. Quand il s'agit de questions comme celle-ci, je suis serviteur. Je ne peux faire que ce qu'il m'est donné de faire, je ne peux pas faire plus que ce qui m'est donné.
>
> Donc, c'est un exemple de travail en commun – le serviteur de Dieu et les médecins. Quand quelqu'un est dans la salle d'opération, le serviteur de Dieu sera dans une attitude de prière tout au long de l'opération, pour que le médecin ne soit même pas celui qui fait l'opération, Dieu n'utilisera que sa main pour faire l'opération. ».[14]

« Homme de Dieu, aidez-moi s'il vous plaît ! ». Lors d'un service dominical, un jeune Nigérian de la région n'a pas pu contenir son émotion : « J'ai été blessé en faisant mon travail à la banque, et les blessures que j'ai subies ont changé ma vie. Je ne peux pas uriner normalement, j'ai un cathéter et je suis un jeune homme ... ». Sa voix s'éteignit. T.B. Joshua a compris. Appelant quelques médecins qui assistaient au service, il leur a demandé d'examiner en privé le jeune homme appelé Gift, puis a présenté la situation à Dieu pour Sa sagesse. Pendant ce temps, le jeune homme, le cœur battant, commença à avoir de l'espoir ; quelqu'un se souciait de son état. Le Christianisme est pratique.

Bientôt, la solution est venue ; les efforts médicaux pour l'aider avaient échoué au Nigéria, mais un hôpital spécialisé avec des chirurgiens formés à un niveau supérieur a pu être la réponse de Dieu. Et il devait en être ainsi. Le ministère a financé Monsieur Gift avec deux personnes qui l'ont accompagné pour se rendre dans un hôpital prestigieux en Inde avec toutes les dépenses

Mr Gift partageant son témoignage

---

14 *If God's Servants And Medical Doctors Work Together* [Si les serviteurs de Dieu et les médecins travaillent ensemble], publication Facebook du Ministère de T.B. Joshua, 14-7-20.

couvertes. Il s'agissait d'un jeune homme qui n'avait jamais pris l'avion auparavant ni possédé un passeport international. La chirurgie corrective complexe a été réalisée avec succès là-bas.

Mr Gift est revu, se réjouissant de témoigner avec un cœur reconnaissant que son corps fonctionnait maintenant, il pouvait uriner normalement et le cathéter n'était plus qu'un souvenir vague et lointain.

En regardant cela, nous étions si reconnaissants de la sagesse de Dieu en instruisant Son serviteur de gérer une situation d'une manière et une autre d'une manière différente.

La sensibilité pour les personnes vulnérables

Un aspect de la sagesse de Dieu dans T.B. Joshua concernait une mise en garde à propos de la prière pour les personnes appartenant à la catégorie vulnérable ; cela pouvait inclure les enfants autistes, ceux qui ont des troubles mentaux et ceux qui ont une maladie mentale et qui prenaient des médicaments graves à long terme. Il n'y a aucune suggestion qu'une « taille unique convienne à tous » ou que tout le monde ait besoin d'un ministère de délivrance. Nous avions voyagé dans des endroits où les personnes vulnérables n'étaient pas traitées avec autant de compréhension, ce qui entraînait une douleur et une déception potentielles.

Au tout début, lors d'une visite d'un groupe venant du Royaume-Uni, il y a eu une expérience salutaire de ce qui pouvait arriver lorsque nous entrions dans la lumière à « l'arène de la liberté », appellation donnée par la suite à « la SCOAN ». Un homme d'affaires britannique s'est joint à une visite de la SCOAN mais a omis de mentionner son problème de santé mentale et le fait qu'il avait été admis plus d'une fois dans un établissement psychiatrique bien connu. Initialement, sur la ligne de prière, il a salué Prophète T.B. Joshua (comme s'il rencontrait le pape) en s'agenouillant avec révérence devant lui et en lui baisant la main. Cependant, il est apparu plus tard dans la salle à manger vêtu d'un vêtement blanc ample, l'air mentalement dérangé avec des cheveux ébouriffés, tenant une croix et faisant des commentaires explicites grossiers à tous. C'était comme un mauvais film.

Mais T.B. Joshua, avec la sagesse de Dieu, n'est pas entré dans une séance d'« exorcisme ». Au lieu de cela, il s'est assuré qu'on s'occupe bien de cet homme et lui a assigné quelqu'un pour être avec lui afin qu'il ne fasse rien de stupide alors qu'il «n'était pas dans son bon sens ». Il a ensuite passé du temps à enseigner tranquillement au groupe britannique, en particulier aux personnes qui le connaissaient, la différence entre la gestion de la maladie mentale et la possession démoniaque. L'homme a répondu à l'amour qui lui a été témoigné de telle sorte qu'il a été autorisé à prendre l'avion de retour.

L'enseignement biblique oint

Les visites de groupe de la SCOAN étaient également des moments de nourriture spirituelle dans l'étude de la Parole de Dieu. Nous nous sommes asseyions sur des chaises en plastique avec notre Bible joyeusement serrée sur nos genoux, attendant une séance d'enseignement si brève.

« Le Jésus que je connais », T.B. Joshua nous disait : « C'est Jésus dans la puissance du Saint-Esprit ». Il nous a avertis de ne pas lire la Bible avec l'offense et le manque de pardon dans le cœur. Il nous a amenés à comprendre que,

> « Le livre des Actes n'est pas de l'histoire, mais le modèle de la façon dont l'église devrait être. ».

On pourrait commencer à comprendre 'comme à travers un verre foncé' comment la partie 'Sainte' de la Sainte Bible est un coffre au trésor comprenant de riches bijoux. Ce n'est pas la Bible de l'histoire, de l'architecture et des civilisations anciennes qui remonte à la nuit des temps, mais la Bible de la sainteté, de la repentance, de la conviction, du réconfort et du secours, le Pain de vie, l'Eau pour les assoiffés et une Feuille de route pour les perdus.

Notes du sermon « Porte-parole de Dieu » de 2003

Il était clair que tous ceux qui voulaient chercher d'abord le royaume de Dieu et Sa justice dévoraient l'enseignement biblique de T.B. Joshua, appréciant sa simplicité et sa profondeur. D'un autre côté, ceux qui étaient plus intéressés à recevoir une transmission de pouvoir semblaient moins conscients de son importance. L'enseignement biblique était accompagné de petites citations, appelées 'extraits de citations'. C'étaient comme des proverbes modernes, par exemple,

« La véritable humilité signifie une dépendance totale à Dieu pour tout. ».

« Avec vos mots, vous peignez constamment une image publique de votre être intérieur. ».

Beaucoup de ces citations résultent de la méditation continuelle de T.B. Joshua sur la Bible. Ils étaient pris très au sérieux par les membres de l'église et apparaissaient toujours dans les notes des sermons de l'église qui étaient données aux visiteurs et, achetées chaque semaine précieusement par les membres de l'église.

L'enseignement était si instructif que certains groupes de visiteurs regardaient les vidéos d'enseignement biblique dans la salle à manger et prenaient des notes ; ensuite, nous nous asseyions tous ensemble et en discutions. Chacun disait : « Qu'avez-vous écrit ? Laisse-moi regarder pour que je puisse enrichir mes notes. ».

Plus tard, à mesure que le nombre de visiteurs internationaux augmentait, il y avait des créneaux réguliers d'enseignement biblique avec des sessions de questions-réponses à la fin de chaque enseignement. Les visiteurs les ont bien appréciés.

T.B. Joshua expliquait que notre relation avec Dieu pourrait être « profonde », « plus profonde » ou « la plus profonde ». Très vite, le désir créé par l'enseignement biblique pour avoir « plus de Dieu » était plus important que de comparer les miracles ou les « confessions à vif ». Après une visite à la SCOAN, on était plus conscient du péché, plus humble, plus indulgent, moins enclin aux commérages, on aimait davantage la Bible et on voulait davantage la lire. La présence de Dieu dans Sa Sainte Parole était réelle. Comme toujours, l'enjeu était de la conserver.

Aux Nations

La première série de grands événements évangéliques internationaux (utilisant divers titres selon les sensibilités du pays d'accueil) a eu lieu entre 2005 et 2007, montrant que cette œuvre de Dieu pouvait traverser les frontières nationales et culturelles et rester fondamentalement la même. Cela peut être dû en grande partie au fait que T.B. Joshua lui-même est resté le même, en conservant la même dévotion à la prière et le même engagement à obéir à Dieu plutôt qu'à plaire aux gens, que ce soit à Lagos ou à l'étranger.

À l'exception d'un événement antérieur au Ghana, nous avons eu le privilège d'être présents et souvent de faire partie de l'équipe préparatoire de tous les grands événements évangéliques internationaux (campagne d'évangélisations) avec T.B. Joshua.

Botswana pour Christ

Avec la joie dans nos cœurs, nous avons voyagé dans le vaste pays du Botswana en Afrique australe, avec sa population relativement faible, pour rejoindre l'équipe qui aide à préparer l'arrivée de T.B. Joshua dans la capitale, Gabarone. Nous avons pris l'avion pour Johannesburg, puis avons conduit de l'Afrique du Sud jusqu'à la frontière pour finir par rencontrer la chaleur

Fiona à Botswana, mars 2005

de Gabarone. Logeant dans une famille locale sans climatisation, juste un simple ventilateur, était une bonne préparation pratique pour nos futurs voyages d'Emmanuel TV au Pakistan. Là-bas, l'électricité était successivement disponible une heure suivie d'une heure de coupure, et il n'y avait absolument pas de la climatisation. Une demande de dernière minute de l'équipe pour nous procurer des drapeaux nationaux nous a amenés à trouver un magasin de fans de sport et obtenir la quantité nécessaire à la dernière minute.

Arrivée de T.B. Joshua à Botswana

Nous y étions avec beaucoup d'autres pour l'arrivée de T.B. Joshua au Botswana le 7 Mars 2005.

« Je suis tellement contente », a commenté une dame à sa voisine, « T.B. Joshua vient dans notre pays. Vous savez que j'ai visité la SCOAN l'année dernière, et vraiment, dès lors ma vie a été différente ».

« Où avez-vous obtenu ce drapeau national du Botswana ? »

« Allez demander à ces Britanniques ; ils les donnent. »

« Attendez, voici la voiture ! Est-ce que c'est lui ? »

« Il sort ! Il est habillé si simplement ! »

« Il nous parle ! »

« Il est temps de dire avec notre bouche ce que nous croyons dans notre cœur. ».

« Je suis ici pour faire ce pour quoi je suis né, ce pour quoi je vis et ce pour quoi je mourrai – pour parler aux gens de Jésus le Sauveur, le Guérisseur et le Libérateur. ».

Il n'y avait pas de bavardage, pas de mots inutiles, juste exprimer ce qu'il avait dans le cœur.

Le premier soir de la campagne d'évangélisation dans le stade national de football, T.B. Joshua a parlé à un jeune homme qui utilisait des

AUX NATIONS

béquilles pour marcher suite à un accident de voiture,

« Vous devriez être prêt à regarder au-delà de la guérison. Cherchez le salut. Le salut de votre âme est la raison pour laquelle je suis ici. ».

Montrant ses radiographies de vis insérées dans ses os et se plaignant de la douleur, le jeune homme appelé Godfrey a crié en réponse,

« Je veux que Jésus me guérisse complètement. ».

« La guérison n'est pas une fin en soi, c'est un moyen pour une fin. Vous devriez être prêt à suivre Jésus. Lorsque vous serez guéri, trouvez une église vivante. N'importe qui peut recevoir la bénédiction, mais tout le monde ne peut pas la maintenir. ».

« Je suis prêt à suivre Jésus après ma guérison. ».

« N'allez pas là où Jésus ne serait pas accueilli. ».

Puis, Mr Godfrey a reçu la prière et la guérison miraculeuse, et est revenu le lendemain pour donner un témoignage public et démontrer qu'il n'avait plus besoin de ses béquilles.

Mr Godfrey reçoit la guérison à Botswana

Prophète T.B. Joshua a marché parmi la foule sur ce terrain de football pendant des heures, priant pour beaucoup comme Mr Godfrey et donnant des prophéties personnelles précises à beaucoup d'autres.

Puis, aux premières heures du matin, il pria pour qu'il pleuve. Le Botswana était dans une grave sécheresse, affectant négativement son industrie agricole, partie intégrante de l'infrastructure de la nation. Alors qu'il offrait la prière pendant qu'il se tenait sur le terrain de ce stade, nous nous sommes émerveillés lorsque la pluie a commencé à tomber instantanément – un signe divin des changements du climat de la nation a rapidement suivi.

LA CORÉE POUR CHRIST

Au cours des années suivantes, T.B. Joshua a visité plusieurs pays asiatiques pour l'Évangile.

Une série de visiteurs Sud-Coréens avaient fait le long voyage jusqu'à la SCOAN parce qu'ils avaient entendu parler de tout ce que Dieu faisait. Une invitation arriva et était annonciatrice du début de trois événements importants en Corée du Sud. Le premier site était le complexe sportif d'Anyang près de Seoul.

C'était en mai 2005, et Prophète T.B. Joshua priait pour que des individus reçoivent la guérison et la délivrance. Un exemple des nombreux miracles était celui d'une jeune femme qui a expliqué qu'elle s'était cassée la jambe à cause d'un accident et qu'elle ne pouvait plus marcher sans béquilles. Elle a expliqué en larmes : « Je veux courir ! ». Après la prière, aux yeux de tous, elle se mit alors à courir librement.

Une jeune femme reçoit la guérison en Corée, 2005

En voyant T.B. Joshua prier pour une fille ayant des problèmes de marche, nous avons noté qu'elle lui tenait la main avec révérence et la baisa. Ce genre de rencontre s'est répété au fil des années ; il y avait des enfants qui déclaraient « Je t'aime » à l'homme de Dieu de manière totalement spontanée.

La rumeur s'était répandu qu'un homme avec un ministère d'onction de guérison était dans la ville, et un grand nombre de personnes se pressaient dans le complexe sportif à la recherche de guérison. Ils avaient besoin d'entendre le message ! La campagne d'évangélisation a été organisée sur quatre jours et, dirigé par le Saint-Esprit, Prophète T.B. Joshua prêchait des messages qui abordaient certains sujets problématiques pour recevoir la guérison divine.

« La Corée pour Christ » en 2005

Dans le premier message, *Votre rôle, Partie 1*, il a précisé que recevoir la guérison ou la rédemption ne dépendait pas uniquement de Dieu ; nous avons aussi un rôle à jouer, qui est de croire. Dans la partie 2 de ce message, il a souligné : « Je ne suis pas le guérisseur, je n'ai aucun pouvoir. Je ne suis pas Dieu ; je suis Son serviteur. Je ne peux aller que là où Dieu veut que j'aille. ».

Le troisième message concernait le péché, *Votre véritable ennemi*. « Votre ennemi satan ne peut pas vous gouverner, vous contrôler ou vous commander sans péché. Ainsi donc, le péché est votre véritable ennemi. ». Le dernier message était un encouragement que Dieu est Bon tout le Temps. Enseignant en s'appuyant sur la vie de Job, il a encouragé la foule : « Que vous soyez guéri ou non, que Prophète T.B. Joshua s'approche de vous ou non, restez fidèle à Jésus, car la guérison est pour le salut de votre âme. ».

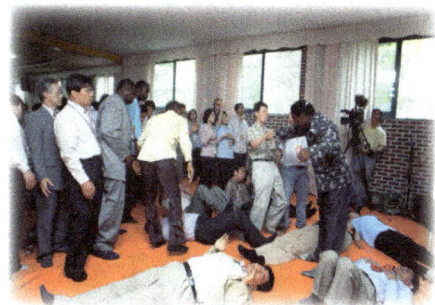

La Conférence des pasteurs de 2005 en Corée avec T.B. Joshua

Après la campagne d'évangélisation, une conférence des pasteurs a eu lieu dans un centre de retraite à une Montagne de Prière à l'extérieur de la ville. Lorsque T.B. Joshua a prié pour les pasteurs pour recevoir l'onction, c'était comme une réunion de réveil mouvementée, avec des pasteurs tombant et submergés de joie sans même être touchés. Même les caméramans de la SCOAN n'ont pas échappé à l'onction, luttant pour rester debout tout en étant « happés » par le Saint-Esprit. Le Saint-Esprit était à l'œuvre ; comme toujours, l'enjeu pour toutes les personnes concernées était de maintenir la présence de Dieu plutôt que de la perdre par la suite.

L'Australie pour Christ

La campagne d'évangélisation de l'Australie pour Christ était un

Un député accueille les visiteurs en Australie pour la campagne d'évangélisation de l'Australie pour Christ avec T.B. Joshua en 2006

événement en plein air qui s'est tenu au Blacktown International Sportspark à Sydney les 24 et 25 mars 2006. Le maire de la ville et un membre du Parlement ont adressé les bienvenues officielles. Le ministre chrétien qui a présenté T.B. Joshua était un évangéliste et ancien respecté, Bill Subritzky de Nouvelle-Zélande. Il avait visité la Synagogue, Église de Toutes les Nations avec un groupe de pasteurs. À son retour, il avait contribué à témoigner de ce que Dieu faisait à travers T.B. Joshua en faisant la promotion des vidéos des miracles. Il était bien conscient des controverses et des persécutions entourant le ministère. Lors de la soirée d'ouverture, il a attesté de la manière dont Dieu utilisait T.B. Joshua puissamment, terminant ainsi son introduction : « Louez donc Dieu pour ce ministère ! ».

T.B. Joshua et Bill Subritzky pendant l'appel à l'autel

Outre les cas remarquables de guérisons, de délivrances et de prophéties, une autre caractéristique notable de l'événement principal était l'Appel au Salut, une réaction au message de salut, qui a été mené conjointement par Bill Subritzky et T.B. Joshua.

Pour un homme en particulier, sa vie a commencé à changer lorsque Prophète T.B. Joshua marcha droit vers lui sur le terrain de sport et commença à prophétiser. Il lui a dit qu'il avait vu qu'il était toxicomane et que son fils reviendrait dans sa vie. Il s'est accroché à cette prophétie jusqu'à ce qu'elle se réalise finalement. En 2016, quelqu'un frappa à sa porte et le fils qu'il n'avait pas vu depuis 21 ans se tenait devant lui. Une réunion incroyable a suivi, ce qui a conduit à ce que son fils commence à vivre dans sa maison. En 2017, il a visité la SCOAN pour confirmer la prophétie et témoigner de la manière dont cela avait changé sa vie.

Après l'événement extérieur principal, il y a eu deux autres réunions importantes. La première était une conférence des pasteurs tenue à Bowman Hall, Blacktown, qui était pleine à craquer ; beaucoup voulaient l'entendre parler. La conférence a commencé avec quelques témoignages de la campagne d'évangélisation, dont une dame qui s'était levée de son fauteuil roulant et apparaissait maintenant magnifiquement habillée avec des chaussures à talons hauts. Elle a joyeusement témoigné de sa guérison de l'ostéoporose et de la polyarthrite rhumatoïde.

T.B. Joshua a prêché un sermon intitulé « Ce type » (tiré de Marc 9 : 29), qui expliquait qu'il existe différents niveaux de croyance et donc différents niveaux d'accomplissement de la promesse que « tout est possible à celui qui croit » (Marc 9 : 23). Il a souligné que ce qui limite notre capacité à croire se trouve à l'intérieur, pas à l'extérieur ; par conséquent, nous devons réinitialiser notre croyance. Comment ? En suivant les instructions du livre de Josué 1 : 8, pour garder la Parole de Dieu sur nos lèvres, la méditer jour et nuit, puis faire ce qu'elle dit.

Après le sermon et un temps de prière pour la sanctification, il a commencé à prophétiser. La première prophétie était adressée à une dame avec un « esprit de serpent ». Immédiatement, une jeune femme blanche s'avança et, d'une voix tremblante, expliqua dans son accent australien distinctif qu'elle avait rejoint une secte dès l'adolescence où ils mangeaient des serpents morts crus pour que l'esprit du serpent entre en eux. Une prière de délivrance et un joyeux témoignage de liberté ont suivi.

La deuxième réunion supplémentaire était destinée aux hommes d'affaires. La prédication de T.B. Joshua n'y a pas été de main morte et était à bien des égards un avertissement prophétique pour le monde occidental. Il a rappelé à tout le monde que la mort arrivait et qu'ils ne savaient pas quand, alors ils devraient être prêts. Ils devraient donner à Dieu le meilleur de leur temps, ne pas se précipiter à l'église et imposer des limites de temps à Dieu.

Tout au long de l'histoire, il y a eu des récits de serviteurs de Dieu dans lesquels le simple fait d'être près d'eux, ou d'objets qu'ils ont récemment touchés, suscitait des réactions surprenantes. Après la campagne d'évangélisation en Australie, T.B. Joshua a accompagné l'équipe pour manger dans un restaurant à Sydney. Après avoir brièvement mangé et quitté le restaurant, une partie de l'équipe qui est restée a été témoin de cette scène inhabituelle. La serveuse qui venait débarrasser la table ramassa l'assiette dans laquelle il avait mangé ; instantanément, elle l'a laissé tomber, a commencé à trembler et à se comporter anormalement, manifestant apparemment un esprit maléfique. Reprenant ses esprits, elle demanda : « Qui est cet homme ? ».

La campagne nationale de guérison à Singapour

En raison des règles locales reflétant la diversité religieuse de Singapour, le titre de « campagne d'évangélisation » devait être plus « neutre », alors les organisateurs locaux ont choisi Campagne Nationale de Guérison. Ce fut une campagne importante, avec pas moins de sept réunions publiques sur la période du 26 novembre au 3 décembre 2006. Celles-ci compre-

Une publicité dans le métro de Singapour pour la Campagne Nationale de Guérison

naient un culte d'ouverture dans l'une des églises hôtes, deux soirées « d'évangélisation » dans le stade national couvert, une réunion de pasteurs et dirigeants, un dîner avec des hommes d'affaires, un déjeuner sur la « place du marché » et un rassemblement de jeunes. Après cela, il y eut une visite mémorable de T.B. Joshua à la prison, où vêtu de l'uniforme de la prison, il a échangé avec les prisonniers et a prié pour eux.

Le deuxième soir au stade couvert, T.B. Joshua n'est pas venu au culte alors que les pasteurs organisateurs l'attendaient. Ils semblaient inquiets et ont commencé à occuper le temps en faisant monter sur scène différents pasteurs locaux pour parler de leur travail. Nous nous regardions les uns les autres et regardions nos montres à plusieurs reprises en nous demandant ce qui se passait. Ce retard était-il lié d'une manière ou d'une autre à la tendance culturelle bien connue de « l'heure africaine » ? Mais de l'autre côté de ce drame, Prophète T.B. Joshua était sur le point de quitter son logement « dans les temps », lorsque, la main sur la porte pour partir, le Saint-Esprit parla à son cœur pour qu'il attende.

Un moment d'adoration à Singapour avec T.B. Joshua

Quand il est finalement arrivé, il a donné un message d'évangélisation concis et puissant expliquant que la seule solution permanente à nos problèmes était dans le pardon des péchés par la foi en Christ. Ensuite, il a renoncé au programme « normal » et est entré directement dans un temps de « Prière de Masse », d'abord pour la délivrance des mauvais esprits, puis pour la guérison. Nous avons écrit à ce sujet lorsque nous avons vu « les Évangiles en action » au début de ce livre. Alors que tout le stade répétait le nom de Jésus à l'unisson, l'autorité et la puissance de Dieu étaient impressionnantes. C'était quelque chose dont nous n'avions jamais été témoins auparavant, même dans les services de la SCOAN à Lagos. Comme mentionné précédemment, nous avons même vu l'onction de Dieu apporter la guérison et la délivrance à beaucoup lorsque nous avons diffusé la vidéo de cette Prière de Masse des années plus tard devant des foules au Pakistan et ailleurs.

Prière de Masse à Singapour

Que serait-il arrivé si T.B. Joshua n'avait pas tenu compte de la suggestion du Saint-Esprit et était arrivé « à l'heure » ? Qui sait ? Mais une chose est sûre, s'il n'avait pas eu « l'esprit libre » et la « paix du cœur » qui viennent de l'obéissance à Dieu seul, nous n'aurions pas pu être témoins de ces événements, et ces foules n'auraient pas pu recevoir leur délivrance et la guérison de la manière et dans le temps définis par Dieu.

Ce n'était pas le seul « test de foi » qui était évident pendant la campagne de Singapour. Il y a également eu plusieurs cas où ceux qui cherchaient la guérison aux problèmes importants ont dû attendre et montrer leur volonté de venir plus d'une fois. T.B. Joshua l'a clairement expliqué à une occasion après le déjeuner sur la place du marché, où les gens ne s'attendaient pas nécessairement à ce qu'il y ait une ligne de prière. Il avait terminé le message sur « Le but de la bénédiction » et avait commencé à prier pour ceux qui cherchaient la guérison. Voici ce que nous avons noté de ce qu'il a dit,

> « Pour beaucoup d'entre nous, ce n'est pas d'une imposition des mains dont nous avons besoin, mais d'instruction sur ce qu'il faut faire. Obéissez à la parole et votre cas sera réglé.

> Si la guérison n'est pas pour vous maintenant, je ne prierai pas pour vous. Je ne fais pas de prière. Vous serez peut-être guéri demain, et quelqu'un d'autre priera peut-être pour vous. Ce n'est pas auprès de tout le monde ici que je suis envoyé. ».

Se référant à une dame qui était présente sur place en fauteuil roulant, il a dit,

> « Hier, j'étais avec elle pendant un certain temps et elle ne pouvait pas marcher. L'Esprit de Dieu a dit : 'Invite-la demain'. ».

Nous avons ensuite vu T.B. Joshua prier pour elle, et elle s'est immédiatement levée du fauteuil roulant et a marché. Il a poursuivi en disant,

> J'en ai invité trois, mais je ne vois que celle-ci ici. Un homme, son miracle est maintenant, mais il n'est pas ici. Quand Élisée a dit : « Va sept fois au Jourdain », il n'a pas dit une seule fois. Quand Jésus a dit : 'Va, et lave-toi dans la piscine', ce n'était pas parce qu'il n'en avait pas le pouvoir ; c'était pour tester la foi de cet homme. Quel que soit votre problème, vous devez vous attendre à des tests de foi.

C'était un exemple typique de tant de « sermons impromptus » que nous avons entendus de lui pendant son ministère, un autre exemple de « christianisme pratique ».

INDONESIA

T.B. Joshua à Jakarta, 2007

La campagne d'évangélisation en Indonésie avec Prophète T.B. Joshua a eu lieu à Jakarta et Surabaya fin septembre 2007.

Il était clair qu'il y avait eu beaucoup de débats et de controverses sur la venue de T.B. Joshua en Indonésie. Le premier soir, à Jakarta dans le stade couvert, il a abordé directement la controverse et a prêché sur Nicodème à partir de Jean 3 : 1-12,

> Beaucoup de gens développent de la haine ou de l'amour envers une personne en particulier à cause de ce qu'ils entendent, de ce

qu'ils lisent ou de ce qu'ils voient. Nicodème n'a jamais fait cela. Il n'était pas le genre de personne à se laisser influencer par ce que les gens disaient. Étant un homme de principe, il a décidé de venir à Jésus pour demander confirmation. Il n'est pas resté assis quelque part à écouter ceci ou cela et à en tirer une conclusion hâtive.

Plus tard, au cours de cette première réunion, il y a eu une délivrance particulièrement spectaculaire alors que T.B. Joshua se déplaçait le long de la ligne de prière pour prier pour des centaines de personnes. Un homme, d'apparence tout à fait normal, tomba instantanément à la renverse et commença à trembler lorsque T.B. Joshua le toucha. Il a alors semblé entrer dans une forme de transe, et de sa bouche sont sortis les mots, non pas dans sa propre langue mais en anglais, « Je suis Belzébuth, un serviteur de Lucifer. ». À un moment donné, il a pointé son doigt vers l'homme de Dieu en disant : « Je te connais. Je suis en colère contre toi. ». Suite à quelques paroles fanfaronnes prononcées par le démon à l'intérieur de l'homme, voulant combattre le serviteur de Dieu, T.B. Joshua a demandé à un jeune garçon se trouvant à proximité de prier pour l'homme, qui est tombé en arrière, démontrant que le pouvoir n'était pas le sien mais qu'il appartenait à Jésus. L'homme est revenu avec toute sa famille lors de l'événement des dirigeants qui a suivi et a publiquement partagé son témoignage dans sa propre langue, remerciant Jésus pour son amour en se souvenant de lui et en le libérant.

Après la campagne d'évangélisation, T.B. Joshua a visité la Maison de l'Amour, une maison caritative créée pour prendre soin des sans-abri et des personnes rejetées à Surabaya. Il y a partagé l'amour du Christ et a fait don de 10 000 $ aux fondateurs de l'organisation caritative pour soutenir leur travail.

Le feu dans la console

Après la campagne d'évangélisation en Indonésie, de retour à la SCOAN, le crépitement du feu fut entendu une nuit. Les évangélistes qui dormaient après une journée de service bien remplie reçurent un appel : « Réveillez-vous, la console avec tout l'équipement si vital pour Emmanuel TV est en feu ! Nous espérons qu'elle ne se propagera pas sur le toit de l'église. Vite, courez, chaque seconde compte. ». Les visiteurs séjournant dans l'église ont été déplacés vers un endroit sûr, et la tension montait.

Un évangéliste racontera plusieurs années plus tard dans un sermon du dimanche que, le cœur troublé, il commença à aider à apporter des seaux d'eau et entendit derrière lui quelqu'un qui semblait imperturbable. Consterné, il se retourna et se retrouva en train de regarder droit dans les yeux calmes de T.B. Joshua, qui lui a demandé : « Comment vas-tu ? ».

T.B. Joshua ne changeait pas au gré des vicissitudes de la vie. Il a démontré que la « paix qui surpasse l'entendement » dont parle la Bible n'est pas liée à l'absence de problèmes, mais plutôt à l'assurance que Dieu nous aidera à traverser l'épreuve.

En effet, à mesure que la nuit avançait, le toit de l'église ne fut pas endommagé, personne ne fut blessé, et bien qu'Emmanuel TV ait dû cesser d'émettre pendant trois mois, l'équipement a finalement été remplacé et une nouvelle console de meilleure qualité a été construite.

Peu de temps après l'incident, T.B. Joshua s'est exprimé publiquement,

« Lorsque le récent incendie s'est produit dans la synagogue, en tant qu'homme ayant une foi persévérante, je savais que satan essayait seulement de me provoquer à me rebeller contre mon Père céleste. Il ne savait pas que Dieu utilise l'affliction des saints pour favoriser leur fécondité. » (Genèse 41 : 52 ; Jérémie 17 : 7-8).

Le récapitulatif des événements internationaux

Après une interruption de plusieurs années, qui a vu le développement des services du dimanche de la SCOAN avec une forte saveur internationale et la croissance continuelle d'Emmanuel TV, le moment était venu ! C'était l'année 2014, et T.B. Joshua a entendu le « oui » de Dieu pour voyager à nouveau. Maintenant, les questions techniques allaient commencer. Après toute la formation et l'expérience acquises lors de l'enregistrement et la transmission en direct des services du dimanche, l'équipe (avec une assistance technique locale appropriée) pourrait-elle maintenant gérer la diffusion en direct des événements internationaux dans le monde entier, en particulier les événements à venir dans les stades extérieurs ?

C'était au début de l'année 2014 ; en arrivant à la SCOAN tard dans la nuit, après avoir aidé avec quelques commandes d'équipements de caméra, quelqu'un a frappé à la porte de la salle. En nous frottant les yeux, nous avons vu un évangéliste tout sourire : « Baba, Mama, bienvenue ! (Les parents plus âgés sont toujours appelés Baba et Mama dans la culture africaine). T.B. Joshua veut que vous rencontriez des pasteurs qui sont sur le point de voyager.

Nous nous sommes rapidement préparés et avons salué les deux pasteurs colombiens, sans nous rendre compte qu'en l'espace de quelques mois, la longue période qui s'était écoulée entre l'événement de 2007 en Indonésie et l'avenir touchait à sa fin, et que l'énorme événement de Cali, en Colombie, approchait à grands pas. Puis quelques jours plus tard, il y a eu un autre appel. « Mama, Baba, montez. ». Nous nous sommes assis et on nous a dit : « Écoutez, il y a une date provisoire prévue pour que l'homme de Dieu soit en Corée du Sud pour une conférence de pasteurs. ». L'évangéliste tenait un calendrier, et nous avons vu la date encerclée et avons sursauté. Il ne restait plus qu'une semaine. Les voies de Dieu sont mystérieuses. Nous pensions être allés à Lagos, à notre propre suggestion, juste pour garantir la livraison en toute sécurité de certaines caméras, mais Dieu avait bien d'autres idées. Ce soir-là, nous nous sommes envolés pour la Corée en tant que membre d'une équipe préparatoire.

Après deux vols de nuit, l'équipe est arrivée en Corée et s'est immédiatement mise au travail – la proposition de conférence des pasteurs elle-même était maintenant à six jours seulement ! Déroulant nos nattes de couchage traditionnelles coréennes dans la zone réservée aux invités d'une église accueillante, nous avons remercié Dieu pour l'opportunité de faire partie de cette mission de foi. Pendant que les autres membres de l'équipe recherchaient des lieux potentiels de prière pour T.B. Joshua (Montagne de Prière), nous faisions partie de l'équipe qui travaillait avec nos hôtes pour trouver un endroit où loger l'équipe. Quelque peu incertains des différents choix proposés et sachant que toute l'équipe devait être ensemble, nous avons signalé le défi à T.B. Joshua. L'instruction est alors revenue que l'équipe devait se concentrer entièrement sur le travail, y compris la diffusion en direct sur Emmanuel TV, et que nous devrions donc chercher un hébergement convenable à l'hôtel. Le ministère paierait ; ce ne serait pas une charge pour les hôtes.

« Le miroir » imprimé en Coréen

Cet échange rapide a donné le ton du financement des cinq prochaines années de campagne d'évangélisation au cours desquelles le ministère paierait la plupart des coûts associés à un événement dans un stade, ainsi que tous les frais de déplacement et d'hébergement de l'équipe. Plus important encore, le ministère ne collecterait aucune offrande. Les organisateurs collecteraient une offrande pour leur part des dépenses (avant que l'équipe de la SCOAN n'entre en scène), mais T.B. Joshua n'aurait aucune implication dans l'argent des gens qui viendraient pour la guérison.

De plus, à partir de ce moment-là, aucun livre ou DVD n'a été vendu lors des événements organisés dans les stades ; ils ont tous été donnés. La production et l'impression dans différentes langues du livre d'étude de T.B. Joshua sur les héros de la foi dans la Bible, *Le Miroir*, sont devenues une partie intégrante de la préparation des campagnes d'évangélisation. Il en fut de même pour son livret sur la manière de recevoir et de conserver la guérison de Dieu, *L'étape entre vous et le remède*.

T.B. Joshua a très rarement écrit un livre. Il était lui-même une lettre vivante comme le dit 2 Corinthiens 3 : 2, « *C'est vous qui êtes notre lettre, écrite dans nos cœurs, connue et lue de tous les hommes.* ». Les seuls autres livres publiés par la SCOAN ont été *Temps Quotidien avec Dieu*, un recueil de citations, et *Ce que l'avenir nous réserve (I et II)*, qui sont des journaux de certaines des prophéties internationales données par Prophète T.B. Joshua au fil des années.

LA TRANSMISSION EN DIRECT SUR EMMANUEL TV

L'une des raisons pratiques pour lesquelles la Conférence des pasteurs

Aux Nations

de Corée de 2014 a pu être finalisée dans un délai aussi court est qu'elle s'est tenue dans un bâtiment d'église bien équipé d'avance, avec une grande partie de l'infrastructure technique déjà en place. Par exemple, l'église avait déjà l'expérience de la diffusion en direct sur Internet, et l'infrastructure pour cela était donc déjà en place.

Gary poursuit l'histoire.

Peu avant l'événement, T.B. Joshua fit savoir que la conférence devait être diffusée en direct sur Emmanuel TV. Lors d'un test avant le service, le centre de transmission d'Emmanuel TV (à l'époque en Afrique du Sud) s'est simplement connecté au flux Internet de l'église, et tout a bien fonctionné. Cependant, peu de temps après le début de la conférence, le réseau est tombé en panne. Nous avons découvert que les arrangements existants avaient une capacité quelque peu limitée, qui ne pouvait pas faire face au nombre supplémentaire de personnes essayant de rejoindre le flux Internet de l'église localement pour voir la conférence.

Nous avions besoin d'une solution immédiate. Le streaming a été fourni par une société tierce qui ne répondait pas. J'ai réussi à connecter mon ordinateur portable à l'Internet public et à configurer un nouveau flux pour me connecter directement au centre de transmission d'Emmanuel TV, mais les câbles et les convertisseurs nécessaires pour transférer la vidéo en direct sur l'ordinateur portable n'étaient pas disponibles. Puis je me suis souvenu que je pouvais connecter ma caméra vidéo personnelle à mon ordinateur portable, alors nous l'avons attachée à un trépied avec du ruban adhésif et l'avons dirigée vers le « moniteur de programme » dans la salle de contrôle.

Une solution réussie de « Heath Robinson » à un problème de transmission en direct

Retenant son souffle, de l'autre coté en Afrique du Sud, l'équipe technique d'Emmanuel TV attendait ! Cette solution artisanale allait-elle fonctionner ? Oui, elle a fonctionné. Enfin, l'équipe pouvait signaler que le premier événement international hors du Nigéria depuis sept ans avec T.B. Joshua était maintenant diffusé en direct à la fois sur les chaînes satellitaires africaines et sur Internet. Si la qualité de la vidéo laissait un peu à désirer, l'essentiel de l'événement – la prière ointe et l'enseignement – touchait le public international.

Pour les événements futurs, cela allait devenir une partie essentielle de la planification technique, et la transmission en direct avec une qualité haute définition totale devint la norme.

Les dangers de l'argent

La Conférence des pasteurs de 2014 avec T.B. Joshua en Corée du Sud

Bien que l'entrée à tous les événements internationaux fût gratuite, lors de la Conférence des pasteurs de la Corée du Sud, l'entrée était gratuite, mais l'équipe a découvert que les « partenaires » qui soutenaient les organisateurs à un certain niveau se voyaient offrir un siège dans une section plus proche de l'avant, où Prophète T.B. Joshua devait prier pour les gens. Mais le Saint-Esprit fait ce qu'Il veut, et quand le temps est venu pour la prière individuelle, le ministère a commencé avec des gens assis au balcon !

Lors de cette conférence des Pasteurs, T.B. Joshua a parlé ouvertement et franchement de la question de l'argent et a expliqué pourquoi il avait cessé de voyager à l'étranger pendant un certain temps (ce n'était certainement pas un manque d'invitations).

> La guérison, la délivrance, la prophétie et toutes les bénédictions de Dieu sont entravées par l'argent. Il n'est pas possible de guérir les gens et de collecter de l'argent. Quand il est temps de guérir, il est temps de donner ce que Dieu nous a donné.
>
> Quand vient le temps du réveil ou de la campagne d'évangélisation, il est temps d'entendre la volonté de Dieu. Si c'est la volonté de Dieu pour le réveil, ce qu'il faut utiliser, l'argent à dépenser, le Seigneur le pourvoira suffisamment – ça ne viendra pas de malades ou des gens qui viennent, mais Dieu le pourvoira d'une manière merveilleuse. J'ai demandé à Dieu qu'avant de commencer à me déplacer

AUX NATIONS

pour le réveil, je veux qu'Il élève mon niveau financièrement.[15]

Puis il a développé cela lors d'un sermon à l'église de Lagos en 2017.

> Toutes ces campagnes d'évangélisation que vous me voyez faire à travers le monde, comme à Singapour, en Indonésie, au Mexique, au Pérou, etc. – Je verse la grande partie de l'argent. Nous ne contrôlons pas le Saint-Esprit ! Quand je suis sur place, je veux être libre. Je veux dormir au moment où l'Esprit veut que je dorme. Je veux prier pour qui le Saint-Esprit veut que je prie.
>
> Si vous payez le stade pour moi, vous collecterez de l'argent auprès de grands hommes d'affaires malades, et ce sont eux que vous placerez devant en me disant : « Priez pour celui-là, Homme de Dieu, c'est lui qui a versé soixante-dix pour cent de l'argent ». Dieu ne peut pas supporter un tel arrangement. Vous me dites de sortir à 8 heures du matin alors que l'Esprit de Dieu a dit que je peux sortir à 10 heures. Donc, je paie pour le stade.
>
> Ma joie est de voir les gens guéris ; ma joie est de voir les gens délivrés ; ma joie est de voir les gens bénis. C'est mon argent. Chaque personne délivrée représente plus que 20 000 $ pour moi ! C'est l'argent que Dieu me donne, la joie de dormir en paix.[16]

Au fil des années, nous avons vu ce principe fonctionner clairement et avons expérimenté ses bénédictions, qui dépassent de loin tous les défis.

À CALI EN COLOMBIE

Nous arrivons maintenant en juillet 2014, à la Croisade de Miracles avec T.B. Joshua à Cali, Colombie. Nous avons passé deux mois en Colombie pour préparer cet événement, qui devait prendre une nouvelle ampleur

La Campagne d'évangélisation Miracle avec T.B. Joshua, Cali, Colombie

---

15 Conférence des pasteurs avec T.B. Joshua, Église Shingil, Séoul, 2-3 avril 2014
16 *Le secret de mon « argent » !* Publication Facebook du Ministère de T.B. Joshua, 3-5-17

pour nous tous. Les deux soirs, le stade olympique de football de la ville a été rempli à plus de 40 000 personnes.

Près de 20 ans auparavant, des Chrétiens en prière avaient rempli le même stade, à la suite du martyre d'un éminent pasteur de la ville, ce qui avait entraîné un réveil de la foi. Mais comme l'ont expliqué les pasteurs locaux, les feux du réveil s'étaient depuis atténués avec le temps, et l'événement était très attendu. Les croyants prévoyaient d'amener les personnes extérieures à l'église qui avaient besoin d'entendre l'Évangile prêché avec puissance.

Lors du sermon du deuxième soir de la campagne d'évangélisation, Prophète T.B. Joshua a spécifiquement abordé l'état de l'église,

> Parler, prêcher, enseigner la Parole et l'Esprit en les séparant, c'est bibliquement incorrect. Nous ne pouvons pas continuer ainsi parce que nous rendons Jésus-Christ impopulaire.
>
> L'avenir de l'église dépend de notre apprentissage mutuel. J'ai besoin de vous ; vous avez besoin de moi. J'ai besoin de votre théologie ; vous avez besoin de ma puissance. J'ai besoin de votre puissance ; vous avez besoin de ma théologie.
>
> Comme il n'y a pas d'union entre la Parole et l'Esprit, cette église est connue pour prêcher et enseigner la Parole de Dieu, tandis que l'autre église est connue pour ses miracles, ses signes et ses prodiges. Cela ne devrait pas être ainsi.
>
> Je prie chaque jour pour voir quand nous cesserons de nous battre, de nous envier et de nous jalouser les uns les autres.[17]

Nous avons constaté que plusieurs églises se sont unies pour soutenir la campagne d'évangélisation. Le président de la Confédération Évangélique De Colombie (Cedecol), représentant la plupart des églises évangéliques de Colombie, était présent et parle très positivement de la Parole de Dieu et des miracles réunis dans le ministère du Prophète T.B. Joshua.

Il y eut un nombre remarquable de guérisons et des centaines de délivrances, et le nom de Jésus fut élevé haut. Le défunt évangéliste C. S. Upthegrove, qui avait travaillé avec de nombreux éminents évangélistes de guérison aux États-Unis dans les années 1950, a participé à la campagne

---

17 *Le prix de la foi 2*, Campagne de miracles avec T.B. Joshua, Cali, Colombie, 12-7-14

d'évangélisation, alors âgé d'environ 80 ans. Il s'est dit ravi d'avoir vu Dieu travailler à nouveau si puissamment dans la guérison et les miracles.

Guérison sur la ligne de prière et la Prière de Masse à Cali, Colombie

L'une des nombreuses guérisons remarquables de la campagne d'évangélisation a eu lieu après la Prière de Masse, tandis que la foule chantait, *Il y a de la puissance dans le nom de Jésus*. Alors que la puissance de Dieu balayait le stade, les pieds d'une jeune fille, déformés depuis sa naissance, se sont miraculeusement redressés. Ses appareils orthopédiques enlevés, elle a commencé à sauter et à courir, la joie contagieuse éclairant son visage transmettant un message au-delà de l'expression des mots.

Parmi les événements supplémentaires organisés à Cali, une ville qui sait ce que c'est que de vivre la violence, figurait une importante action caritative. Plusieurs centaines de familles ont été invitées, le transport étant assuré, à déguster des repas chauds et à se divertir, à passer un examen médical professionnel pour les enfants, et à recevoir un énorme sac de provisions.

T.B. Joshua à l'événement caritatif à Cali, Colombie

La police métropolitaine de Cali a également organisé un événement au cours duquel elle a remis à T.B. Joshua un prix honorifique et sa propre casquette de police. Il a fait un don généreux de 100 000

La rencontre de la police avec T.B. Joshua à Cali, Colombie

dollars américains au fonds social pour les orphelins, les veufs et les personnes blessées dans l'exercice de leurs fonctions et a partagé un message d'appréciation du travail des forces de la police, « Vous prévenez le crime dans la société dans le naturel. Nous prévenons le crime dans l'esprit. Nous faisons le même travail. Je vous salue. ».

La campagne d'évangélisation au Mexique

La campagne d'évangélisation de miracles avec Prophète T.B. Joshua au Mexique en juillet 2015 était en soi un phénomène. Comment se fait-il que le plus grand stade de football d'Amérique latine ait été rempli pour un événement chrétien gratuit pour la première fois au cours de son histoire ? Le travail acharné des organisateurs locaux, qui ont parcouru tout le Mexique de long en large, envisageant et encourageant différentes églises, a joué un rôle important, tout comme la production et la distribution de milliers de DVD gratuits. Cependant, à la fin, c'était une œuvre souveraine de Dieu.

Campagne d'évangélisation Miracle avec Prophète T.B. Joshua au Mexique, 2015

Avant l'événement, l'équipe, y compris celle de tournage, s'est assise sur les sièges les plus en hauteur pour une réunion de planification ; nous ne pouvions nous empêcher de ressentir quelques « piqûres » d'anxiété. C'était si haut, que se passerait – il pendant la Prière de Masse quand les gens réagiraient ? « Dieu est avec nous », nous encouragions-nous, « Il protègera », et il devait en être ainsi.

Aux Nations

L'emblématique stade aztèque de 100 000 places, mondialement connu, était quasiment plein lors de la deuxième soirée de la campagne d'évangélisation. La pluie était forte la première soirée mais, complètement imperturbable, T.B. Joshua a continué à prier pendant des heures et les miracles se sont produits. Fiona et d'autres partenaires d'Emmanuel TV étaient à l'entrée pour distribuer les DVD gratuits de la campagne d'évangélisation en Colombie, lorsque la pluie s'est calmée et que les foules ont commencé à partir. La deuxième soirée a été épargnée par l'averse et a été inoubliable. L'œuvre de Dieu s'est intensifiée et les témoignages furent presque innombrables.

Prière sous la pluie à la première nuit

La foule a également eu droit à une surprise, avec des contributions musicales édifiantes d'artistes gospel bien connus des États-Unis : CeCe Winans, Alvin Slaughter et Vashawn Mitchell.

Une aptitude au travail physique était nécessaire, car les évangélistes et l'équipe d'aides devaient tout déplacer du stade et stocker les ressources restantes dans l'hôtel à la fin de la campagne d'évangélisation. Nous nous souvenons tous avoir couru dans tous les sens pour diriger et placer des camions au bon endroit pour récupérer les ressources. En fin de compte, l'équipe n'est entrée dans ses chambres qu'après 4 heures du matin, sachant que « La joie de l'Éternel est votre force » (Néhémie 8 : 10).

La campagne d'évangélisation et la grande conférence des pasteurs qui a suivie ont eu un impact énorme. Une équipe de la SCOAN est restée plusieurs semaines pour enregistrer des témoignages de suivi et éditer la masse de séquences vidéo. Nous avons personnellement même déménagé pour vivre au Mexique pendant plus d'un an pour aider au suivi, en particulier au soutien des œuvres caritatives. T.B. Joshua a

Prière de Masse au Mexique

aidé à mettre en place une « association civile » locale pour soutenir cela.

T.B. Joshua lui-même aurait pu passer plus de temps au Mexique, mais comme il l'a expliqué dans un message qu'il a donné à l'église de Lagos en 2017, son appel de Dieu était de retourner en Afrique,

> J'irai pour les réveils, et lors des réveils, vous verrez toujours le stade plein. Le pays, les ministres – tous se rassemblent. Mais je ne suis pas emporté par cela ; après la campagne d'évangélisation – retour à la maison. Retour en Afrique, où je suis persécuté, où ils veulent que je sois tué, détruit. Je vis là où je ne suis pas célèbre ; J'ai quitté le lieu où je suis célébré.
>
> Lorsque vous êtes au milieu d'une bataille, vous vous construisez ; C'est bien. Là où vous n'êtes pas célèbre, où vous êtes persécuté, c'est le meilleur endroit pour vivre. Cela vous construira. L'or ne peut être de l'or sans passer par la fournaise. Le caractère humain, lui aussi, doit passer par la fournaise.[18]

T.B. Joshua au Pérou

Après une deuxième campagne d'évangélisation dynamique en Corée du Sud, qui s'est tenue au Gocheok Sky Dome de Séoul le 22 et 23 juillet 2016, T.B. Joshua est retourné en Amérique latine pour une autre campagne d'évangélisation de miracles. Celle-ci devait avoir lieu dans le plus grand stade de football d'Amérique du Sud, le stade Monumental de Lima, au Pérou, en septembre 2016.

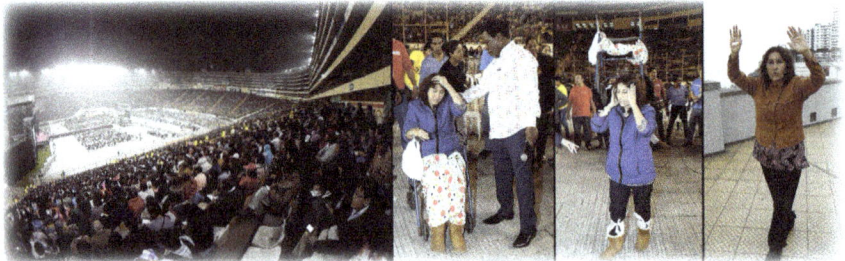

Campagne d'évangélisation au Stade Monumental, Lima, Pérou

Ce qui nous a le plus marqué, c'est le timing très serré. Les visas de l'équipe d'Emmanuel TV en provenance de Lagos ont été bloqués pour

---

18   *Don't Destroy Your Relationships Beyond Repair* [Ne détruisez pas vos relations de manière irréparable], Sermon de T.B. Joshua, Service du dimanche de la SCOAN, 30-4-17

des raisons administratives. Du point de vue de la planification logistique, les décisions visant à confirmer la campagne d'évangélisation ont toutes été laissées au plus tard. Mais ensuite, ces délais « finaux » se sont écoulés sans que les retards dans l'obtention des visas ne soient résolus, alors seul Dieu a pu permettre à la campagne d'évangélisation d'avoir lieu. L'événement a été confirmé seulement deux semaines avant la date prévue, et toute l'équipe de planification et d'organisation de la SCOAN est arrivée onze jours seulement avant la première soirée. D'un point de vue naturel, Il n'y avait tout simplement pas assez de temps pour assembler les « pièces du puzzle » nécessaires à la réalisation de l'évènement, mais Dieu avait dit à Son serviteur : « Va », et c'était tout ce qui comptait.

Cela nous a rappelé fortement qu'il y a de réels avantages à avoir des tâches « impossibles ». Nous devrions faire de notre mieux, mais au bout du compte, c'est à Dieu qu'il faut s'en remettre, et Lui seul peut en retirer la gloire.

La campagne d'évangélisation elle-même n'a montré aucun signe de ces tensions ; Dieu était au contrôle. Des autorisations légales obtenues en un temps record aux 300 baguettes de jambon-fromage que notre équipe de partenaires d'Emmanuel TV a dû préparer presque sans préavis (pour les patrouilles de police travaillant avec la foule) aux miracles de guérison et de délivrance – on avait eu besoin de Dieu pour tout.

Un moment mémorable a été lorsque Prophète T.B. Joshua a cessé de prier pour les gens et s'est assis car il y avait un risque que la foule se précipite vers l'avant. Il a dit qu'il ne bougerait pas tant que les gens n'auraient pas regagné leurs places, ce qu'ils ont fait.

T.B. Joshua attend que la foule s'installe

Au Paraguay et en République Dominicaine

Le Paraguay est un petit pays d'Amérique du Sud et son stade national a accueilli la campagne d'évangélisation avec T.B. Joshua en août 2017. Le Parlement national du Paraguay lui a décerné la plus haute distinction du pays en reconnaissance de son travail évangélique et humanitaire. Il y avait aussi des témoignages remarquables lors de la campagne d'évangélisation, notamment la délivrance d'une personne qui n'était même pas présente mais dont la sœur avait pris une photo pour la prière.

Pour l'équipe « en coulisses », l'un des défis était qu'il n'y avait pas de fournisseur approprié dans tout le Paraguay pour nécessairement protéger temporairement le sol en couvrant le terrain de football lors de tels événements. Le revêtement du sol a finalement été acheté dans un pays voisin, mais il est arrivé en retard en raison de problèmes de

Posant le revêtement temporaire du terrain pour la campagne d'évangélisation au Paraguay

douane et de logistique.

Toute l'équipe de la SCOAN – évangélistes, caméramans, protocole, etc., et les partenaires d'Emmanuel TV qui avaient proposé leur aide – ont personnellement placé puis retiré les milliers de morceaux de revêtement de sol sur le terrain. Sur le terrain du stade, les gens rampaient à genoux, collant le sol avec du ruban adhésif ordinaire, une expérience surréaliste.

Entre le premier et le deuxième jour de la campagne d'évangélisation, de violents orages menaçaient toute l'installation technique, et la bannière de scène se déchira sous les vents violents. T.B. Joshua a déclaré à tout le stade que « La pluie est une servante de Dieu, et nous aussi nous sommes des serviteurs de Dieu ; la pluie ne peut pas nous entraver ». Il a expliqué comment il avait dans la prière « négocié avec la pluie », lui demandant de se calmer pendant les heures de l'événement afin que l'équipement technique soit en sécurité et que la deuxième journée puisse se dérouler.

La pluie s'est arrêtée jusqu'à la fin de la Prière de Masse, mais ensuite elle est revenue en torrents et il faisait froid. Nous nous sommes occupés des personnes qui avaient des témoignages et qui sont arrivées dans les salles d'entretien grelottantes, vêtues de minces T-shirts en coton, et nous leur avons donné des accolades chaleureuses ainsi que de la nourriture et un abri.

La campagne d'évangélisation en République Dominicaine avec T.B. Joshua

À peine trois mois plus tard, en novembre 2017, la campagne d'évangélisation de la République Dominicaine s'est tenue dans le stade olympique de la capitale, Saint-Domingue.

Quel bel événement ! Quelle unité entre les églises. En tant que membre de l'équipe technique, nous sommes arrivés tôt et avons pu voir cela en action. Les chorales qui s'exerçaient résonnaient de manière céleste, et une telle ferveur émanait de partout. Les croyants locaux ont fait preuve d'un esprit d'équipe chaleureux qui transcendait les cultures, les couleurs et les origines. S'il y avait une préoccupation, c'était de savoir si toutes les personnes qui voulaient venir tiendraient dans le stade de 40 000 places. En effet, beaucoup ont dû écouter depuis le parc à l'extérieur.

T.B. Joshua a de nouveau reçu une haute distinction nationale et le président du pays l'a personnellement reçu.

T.B. Joshua avec le président Medina de la République Dominicaine

Ce fut un événement haut en couleur ; les danseurs glorifiaient Jésus, le vent chaud des Caraïbes caressait nos joues, et avec le soleil couchant, la chaleur de la journée qui s'évaporait, les choses sérieuses de la journée commencèrent.

Pour le message du premier soir, T.B. Joshua a donné un sermon fondamental mais direct sur l'essence du christianisme : « Cherchez premièrement le Royaume ». Le texte de référence tiré de Romains 5 : 1-8 a rappelé aux Chrétiens la justification par la foi basée sur la mort sacrificielle de Jésus sur la croix. L'homme de Dieu a également exhorté l'auditoire à amasser uniquement des trésors spirituels et à s'engager pour le bien-être des autres.

Il y avait des témoignages publics des campagnes d'évangélisation précédentes, des prières et des délivrances, et la bénédiction à la fin, la Prière de Masse. La Prière de Masse dans les stades avec T.B. Joshua est une expérience puissante tempérée par la crainte de Dieu. Ce n'est pas un moment émotionnel. C'est un moment où, en tant qu'assistant, on ne sait vraiment pas ce qui va arriver. Qui va se mettre à manifester ? Qui va vomir, qui laissera tomber ses béquilles ou son déambulateur et se lèvera de son fauteuil roulant ? Comme à chaque événement, les assistants et l'équipe sont prêts à agir, avec des chaussures pratiques et des T-shirts distinctifs.

« Caméra, venez vite ! ». Que se passe-t-il ? Du sang suinte de la tête d'une jeune femme. Elle n'est pas tombée ; c'est un événement surnaturel. Elle souffrait d'une étrange infection fongique au cuir chevelu, qui était à la fois douloureuse et honteuse. Elle n'a même pas été touchée physiquement par la prière lors de la campagne d'évangélisation en République dominicaine avec Prophète T.B. Joshua mais le Saint-Esprit Lui-même l'a touchée pendant le temps de la Prière de Masse d'une manière mémorable. L'infection a disparu lorsque sa tête a commencé à saigner pendant la prière, comme elle l'a témoigné plus tard aux côtés de sa tante.

Au Royaume-Uni et en Israël

Il y a eu des événements pour plusieurs milliers de personnes au Royaume-Uni, en France et en Argentine en 2018, tous diffusés en direct, où des évangélistes envoyés par T.B. Joshua ont offert des prières avec de l'Eau d'Onction au nom puissant de Jésus-Christ. De nombreuses guérisons et délivrances ont suivi.

Le Réveil d'Emmanuel TV UK à Sheffield, 2019

Puis en 2019, le Saint-Esprit s'est dirigé vers deux événements internationaux en juin. Le réveil avec Emmanuel TV au Royaume-Uni s'est tenu dans le Sheffield Aréna, un grand stade couvert, avec le ministère de trois des actuels « prophètes en formation ».

Les gens sont venus de loin pour faire l'expérience de l'onction, et beaucoup ont dû être refoulés car le stade de plus de 10 000 places était plein.

T.B. Joshua est resté à Lagos à la Montagne de prière pendant cet événement. La première personne pour laquelle on a prié était une dame avec une jambe cassée. Sans aucun contact physique, sa jambe a commencé à trembler de manière incontrôlable alors que le Saint-Esprit effectuait une « opération spirituelle ». Alors qu'elle se débarrassait de ses béquilles et de sa paire de bottes 'moon boot', le miracle était visible aux yeux de tous. Le décor avait été planté un peu plus tôt lorsqu'une chorale de gospel invitée a entonné la puissante chanson Le pouvoir du péché sur moi est brisé (écrite par T.B. Joshua). Il y a eu des délivrances, des guérisons et une manifestation de la puissance de Dieu pendant qu'ils chantaient.

Après le réveil avec Emmanuel TV au Royaume-Uni, il y a eu l'événement mémorable en plein air à Nazareth, en Israël – le pays où Jésus-Christ a marché parmi le peuple, la patrie historique des patriarches de l'Ancien Testament. C'était le pays de la Bible, où les pèlerins religieux venaient du monde entier pour des visites spéciales, mais de grands événements en plein air utilisant ce nom puissant de Jésus-Christ n'avaient généralement pas lieu.

« Que le nom de Jésus soit glorifié dans sa ville natale historique, Nazareth, Israël – un événement public en plein air sur le Mont Précipice afin que toute la ville soit au courant. ».

Telle fut l'instruction de Dieu pour T.B. Joshua. Le Mont Précipice à Nazareth est mentionné dans la Bible pour une raison particulière. C'était là (comme dit dans Luc 4) qu'une foule, irritée par les paroles de Jésus, a essayé de le jeter du sommet, mais Il passa au milieu d'eux et s'en alla indemnes.

Bien que de nombreuses personnes visitent le Mont Précipice, l'amphithéâtre qui s'y trouve était à l'abandon et nécessitait des réparations. Comme T.B. Joshua s'est promené dans l'installation désaffectée lors d'une visite précédente, le Saint-Esprit lui a demandé d'aider financièrement à une rénovation importante de ce lieu saint afin que même après l'événement, la ville de Nazareth se retrouve avec un espace rénové de valeur.

La rencontre de Nazareth avec T.B. Joshua, 2019

Avant juin 2019, d'importants travaux de rénovation ont été réalisées et de bonnes relations ont été établies avec les autorités locales. Cependant, tout ce qui est proche de Jésus fait face à des attaques, et dans la patrie de Jésus, cela n'a pas fait exception. L'histoire de certains des défis rencontrés avant l'accomplissement réussi de l'événement de Nazareth sera abordée dans le chapitre suivant.

Le temps des miracles n'est pas révolu ; le faiseur de miracles, Jésus, est toujours vivant ! Pour ceux dont la vie est centrée sur Jésus-Christ, le meilleur est toujours à venir !

LA VIE EST UN CHAMP DE BATAILLE

Assis dans l'avion pour ma première visite au Nigéria en 2001, j'étais (Gary) sur le point de découvrir le monde des commérages, des insinuations et des faux témoins. Une dame bien habillée se pencha en avant,

« Excusez-moi, mais je vous ai entendu parler ; vous ne voulez pas dire que vous allez à... cet endroit-là ? ».

« Désolé, madame, je ne comprends pas. ».

« Si nous n'étions pas dans les airs, je vous aurais conseillé de descendre de cet avion ! ».

Sa voix tremblait d'émotion et tomba à un murmure significatif :

« Cet endroit, La Synagogue ! Vous savez que son pouvoir vient de la sorcellerie, le saviez-vous ? Je vous conseille de changer vos plans. Son pouvoir vient de 'l'autre côté'. ».

Immédiatement comme un clair appel de clairon, un passage a surgi à l'esprit ; n'était-ce pas ce que les pharisiens disaient de Jésus ? J'ai sorti ma Bible et j'ai commencé à lire.

« Les pharisiens, ayant entendu cela, dirent : Cet homme ne chasse les démons que par Béelzébul, prince des démons. » (Matthieu 12 : 24).

Tout ce qui est proche de Jésus reçoit des attaques

Dès les premiers jours, nous avons reçu des commentaires négatifs et positifs au sujet de T.B. Joshua et de la SCOAN mais avons décidé de chercher la vérité auprès de Dieu.

« *Malheur, lorsque tous les hommes diront du bien de vous, car c'est ainsi qu'agissaient leurs pères à l'égard des faux prophètes !* » (Luc 6 : 26).

Tous les ministères efficaces cherchant à faire connaître Jésus-Christ, à prêcher l'Evangile et à voir grandir le Royaume de Dieu, font face à l'incompréhension, aux attaques et à la haine. Le type d'attaques varie selon les coutumes du moment et des normes et perceptions des accusateurs. Celles-ci changent au cours des siècles et diffèrent d'une culture à l'autre.

Cependant, Jésus nous rappelle que l'opposition est normale,

« *Si vous étiez du monde, le monde aimerait ce qui est à lui ; mais parce que vous n'êtes pas du monde, et que je vous ai choisis du milieu du monde, à cause de cela le monde vous hait. Souvenez-vous de la parole que je vous ai dite : Le serviteur n'est pas plus grand que son maître. S'ils m'ont persécuté, ils vous persécuteront aussi ; s'ils ont gardé ma parole, ils garderont aussi la vôtre.* » (Jean 15 : 19-20).

L'Évangile de Jean, chapitre 7 verset 12 offre un aperçu de la controverse qui a entouré Jésus-Christ et qui continue encore aujourd'hui !

« *Il y avait dans la foule grande rumeur à son sujet. Les uns disaient : C'est un homme de bien. D'autres disaient : Non, il égare la multitude.* ».

Retournons à l'époque où Jésus, en tant qu'homme, marchait sur cette terre parmi des gens comme nous, des instruits et des non-instruits, ceux de religions différentes et ceux sans religion.

« Avez-vous entendu cet homme, Jésus ? », demanda l'un des pharisiens. Son voisin n'a pas tardé à répondre. « Oui, mais comme d'habitude, c'est juste une agitation émotionnelle de la foule. Je ne crois pas que tout cela soit vrai. Quel miracle ? On peut toujours soudoyer une pauvre âme pour dire qu'elle a reçu un miracle. Nous savons ce que disent les Écritures, que notre bien-aimé Messie, quand Il viendra ... », son ton baissa, avec révérence, « ... Il viendra de Bethléem comme notre Prophète Michée nous l'a ordonné. J'ai entendu dire que cet homme est originaire de la Galilée, de Nazareth, et depuis quand est-il arrivé quelque chose de bon de Nazareth ? ».

« Vous avez raison, mon ami, mais les gens sont vraiment pris avec lui », répondit l'intéressé.

« Ne t'inquiète pas, mon frère, le Sanhédrin (tribunal juif) s'occupera de lui ! ».

Et il devait en être ainsi. Le Sanhédrin s'est bien occupé de Jésus, appelé le Christ, et le christianisme a commencé par le clouage d'un homme sur une croix, attendant que son corps ait expiré.

Mais il y avait une grande signification dans l'effusion du sang de Jésus-Christ. Comme l'explique la Bible,

« *Sans effusion de sang, il n'y a pas de pardon.* » (Hébreux 9 : 22).

Et comme T.B. Joshua a dit,

> « Le sang que Jésus-Christ versa sur la croix du Calvaire est le bien le plus précieux de l'histoire de l'humanité. ».

Bien sûr, beaucoup de ceux qui L'ont vu mourir dans la chair sur la croix ont également été témoins de Sa résurrection !

Comme les accusations ont été lancées contre notre Sauveur, Jésus-Christ, et comme elles ont continué à l'être tout au long de l'histoire chrétienne, T.B. Joshua fait partie d'une longue lignée de croyants fidèles dont la personnalité a été calomniée et qui ont enduré l'emprisonnement physique, des campagnes de diffamations et de fausses accusations.

Il ressort clairement de l'étude de la Bible et de l'histoire chrétienne que les gens peuvent avoir des difficultés à comprendre et à apprécier la façon dont Dieu Tout-Puissant agit dans la vie de différents croyants Chrétiens. Cela est vrai qu'ils soient évêques, pasteurs, prêtres, ministres, prophètes, mystiques, moines, religieuses ou humanitaires notables et s'applique à travers les divisions confessionnelles.

Les croyants Chrétiens dont la vie pieuse et l'influence ont résisté à l'épreuve du temps et ont survécu à leur vie physique semblent avoir plusieurs caractéristiques communes, qu'ils soient protestants, catholiques, orthodoxes, charismatiques, méthodistes, baptistes, réformés, pentecôtistes, adventistes, entre autres.

Quelles sont ces caractéristiques ?

- La Bible était leur 'Livre suprême'; ils vivaient dans 'la Parole';
- Ils ont vécu une vie consacrée (mise à part);
- Leur vie montre qu'ils avaient un esprit indépendant, un esprit qui découvre la vérité de Dieu seul;
- L'humilité était évidente en eux.

Laisse cela à Dieu

T.B. Joshua a dit à plusieurs reprises que la façon dont Dieu agit dans la vie des gens diffère. Dieu peut instruire le 'Pasteur A' de cette manière et le 'Pasteur B' d'une autre manière. Un ministre peut avoir une relation profonde avec Dieu, et un autre peut en avoir une plus profonde. Les comparaisons charnelles des « ministres de Dieu » sont dangereuses et ont tendance à dépendre grandement de notre culture et de notre « vision du monde », c'est-à-dire du prisme à travers lequel nous percevons et ainsi prononçons donc un jugement de valeur instantané.

La Bible dit clairement que c'est Dieu qui jugera ceux qui prétendent être Ses serviteurs. Comme l'a dit l'apôtre Paul,

« Qui es-tu, toi qui juges un serviteur d'autrui ? S'il se tient debout, ou s'il tombe, cela regarde son maître. Mais il se tiendra debout, car le Seigneur a le pouvoir de l'affermir. » (Romains 14 : 4).

Il a appliqué ce principe à sa propre vie, ainsi qu'aux autres,

« Ainsi, qu'on nous regarde comme des serviteurs de Christ, et des dispensateurs des mystères de Dieu. Du reste, ce qu'on demande des dispensateurs, c'est que chacun soit trouvé fidèle. Pour moi, il m'importe fort peu d'être jugé par vous,

ou par un tribunal humain. Je ne me juge pas non plus moi-même, car je ne me sens coupable de rien ; mais ce n'est pas pour cela que je suis justifié. Celui qui me juge, c'est le Seigneur. C'est pourquoi ne jugez de rien avant le temps, jusqu'à ce que vienne le Seigneur, qui mettra en lumière ce qui est caché dans les ténèbres, et qui manifestera les desseins des cœurs. Alors chacun recevra de Dieu la louange qui lui sera due. » (1 Corinthiens 4 : 1-5).

Comme T.B. Joshua a dit : « Les serviteurs de Dieu, petits et grands – Dieu jugera. ».

Gamaliel a parlé dans le livre des Actes 5 : 38-39 à une époque de controverse sur le ministère de Pierre et des autres apôtres à Jérusalem, et son conseil est aussi pertinent aujourd'hui qu'il l'était il y a 2000 ans.

« Et maintenant, je vous le dis ne vous occupez plus de ces hommes, et laissez-les aller. Si cette entreprise ou cette œuvre vient des hommes, elle se détruira ; mais si elle vient de Dieu, vous ne pourrez la détruire. Ne courez pas le risque d'avoir combattu contre Dieu. ».

Demos Shakarian était un agriculteur et le fondateur de la Fraternité des hommes d'affaires du Plein Évangile. Son histoire est racontée dans le livre *Les gens les plus heureux sur terre*, qui raconte comment, à l'époque du réveil avec les grands chapiteaux aux États-Unis à la fin des années 1940, il a rencontré un évangéliste qui semblait avoir un problème de cupidité. Le dernier soir de la campagne d'évangélisation, cet évangéliste, qui demandait aux gens de donner particulièrement généreusement pour la réunion finale, a été découvert se préparant à s'enfuir avec toutes les offrandes.[19]

Demos voulait l'arrêter, s'arrêta, et comme un éclair d'inspiration dans son esprit, il se souvint du moment où David s'est retrouvé en présence de Saul dans la grotte mais a décidé par respect pour Dieu de ne pas nuire à Saul en tant qu'oint de Dieu mais de le laissa entre les mains de Dieu (1 Samuel 24 : 10). Il entendit une voix qu'il reconnut à peine comme la sienne, disant : « Ne le touchez pas » aux huissiers qui voulaient arrêter l'évangéliste. S'adressant à lui alors qu'il était occupé à mettre

---

[19] Shakarian, D., Sherrill, J.L. et Sherrill, E. (1975). *The Happiest People on Earth* [Les gens les plus heureux sur terre]. Chosen Books. pp. 103-105

des billets de dollar dans un grand cartable marron, Demos déclara : Dieu ne fournit pas Son argent de cette façon ; je ne crois pas que Dieu le bénira. ». En l'espace de six ans, l'évangéliste errant est apparu dans sa ferme d'apparence « maigre, mal rasé et mal habillé ». Il demanda de l'argent. Environ trois ans plus tard, Demos apprit qu'il était décédé.

Pourquoi cette histoire est-elle importante ? Il s'agit de la position de Dieu dans nos vies. La Bible nous montre que Dieu est conscient de ce que nous faisons en public et en secret.

« Prenez-y garde, hommes stupides ! Insensés, quand serez-vous sages ? Celui qui a planté l'oreille n'entendrait-il pas ? Celui qui a formé l'œil ne verrait-il pas ? Celui qui châtie les nations ne punirait-il point, Lui qui donne à l'homme l'intelligence ? L'Éternel connaît les pensées de l'homme, Il sait qu'elles sont vaines. » (Psaume 94 : 8).

Laissez ça à Dieu ! En effet, nous devons faire particulièrement attention à ne pas parler contre l'œuvre du Saint-Esprit (Matthieu 12 : 32).

ÉTIEZ-VOUS LÀ QUAND ILS ONT CRUCIFIÉ LE SEIGNEUR ?

Alors que nous ouvrons le portail de l'histoire, il est facile de croire que nous ne serions pas comme ceux qui n'ont pas reconnu Jésus-Christ, mais en réalité ce n'est pas le cas. Jésus prend le temps de rappeler aux savants de son époque que bien qu'ils aient construit les tombeaux des prophètes pour les honorer, ce sont eux qui les auraient persécutés s'ils avaient été en vie à cette époque. Ce récit se trouve dans Luc 11 : 47-48. Ils n'étaient pas contents qu'on leur dise cela.

Puis Pierre, dans son célèbre sermon dans Actes 2 : 36, donne un message fort, *« Que toute la maison d'Israël sache donc avec certitude que Dieu a fait Seigneur et Christ ce Jésus* **que vous avez crucifié.** *»* (Soulignement ajouté).

Qu'aurions-nous fait si nous avions fait partie de la foule à Jérusalem vers l'an 30 après Jésus Christ ? La réalité est que nous serions probablement emportés avec la majorité, qui, après avoir accueilli Jésus-Christ avec des feuilles de palmier en criant : « Hosanna ! », a demandé quelques jours plus tard à Pilate : « Crucifie-le ! ». Pilate, lors d'une autre journée stressante où il essaya de gouverner cette région problématique, s'est littéralement « lavé les mains » de l'affaire et a pris la voie expéditive pour satisfaire la foule et garder les chefs religieux à ses côtés. Même Pierre, l'un des plus proches associés de Jésus, l'a renié lorsque les choses sont devenues trop difficiles. Ces mesures n'ont pas été prises par conviction que Jésus-Christ méritait la mort, mais plutôt par l'absence d'une conviction suffisamment forte pour s'opposer à la majorité lorsque le coût personnel potentiel de cette décision était élevé.

On se souvient encore de quelques lignes d'une chanson folklorique chrétienne des années 1970,

> *As-tu participé quand ils ont commencé à chanter*
> *Crucifiez, crucifiez-Le ?*
> *Je sais que c'était toi car j'étais là aussi*
> *Quand le monde a dit 'Non !'*[20]

DES CONTROVERSES CHRÉTIENNES

Des exemples plus récents peuvent être trouvés chez des ministres de Dieu controversés, qui au cours de leur vie ont connu des mesures égales de ceux qui croyaient que Dieu les utilisait puissamment et de ceux qui pensaient tout à fait le contraire. L'un de ces ministres de Dieu était Smith Wigglesworth (1859-1947) d'Angleterre, connu sous le nom d'« Apôtre de la foi ». Après sa mort, son histoire est apparue dans le livre populaire de Roberts Liardon, *Les Généraux de Dieu*, et il est possible de trouver ses sermons largement disponibles dans les librairies chrétiennes. Il est mieux connu aujourd'hui que de son vivant. Beaucoup le considéraient comme un personnage maladroit et controversé à son époque, et il y avait souvent une certaine stigmatisation attachée à assister à ses réunions.

Les différences en matière de doctrine et de pratique parmi les croyants étaient et sont encore à l'ordre du jour. Ne faites pas l'erreur à ce sujet ; c'est le message de l'histoire. Si nous ne faisons pas attention, les héros

---

20 Graham Kendrick. Copyright © 1974 Make Way Music

du passé seront vus à travers une brume idéaliste ou jugés comme s'ils avaient opéré dans la culture d'aujourd'hui. Les héros d'aujourd'hui peuvent trop facilement être ignorés, incompris et critiqués de leur vivant.

John G Lake (1870-1935) est encore à la fois critiqué et vénéré aujourd'hui. Il a enduré des accusations de pratique de la médecine sans licence, et les miracles incontestables de son ministère ont été sapés en le qualifiant de « charlatan ».

Charles Finney (1792-1875), connu sous le nom de « prince des évangélistes », a inspiré Billy Graham et bien d'autres. Il était controversé et a attiré des campagnes de diffamation, mais on se souvient de lui pour avoir inspiré ce qui allait par la suite être connu sous le nom de deuxième grand réveil aux États-Unis et l'utilisation du « banc des pénitents » lors de ses réunions. G. Frederick Wright, qui a travaillé avec Charles Finney pendant 30 ans, se souvient comment une période particulière de réveil a été gâchée par des disputes confessionnelles amères (dans ce cas, il s'agissait du baptême des nouveaux croyants). Cela a presque eu pour effet d'arrêter brusquement la belle œuvre de Dieu. Les réunions de Charles Finney ont suscité de nombreuses critiques et orchestré des campagnes de calomnie, mais parmi ceux qui ont critiqué, certains ont plus tard changé d'avis et étaient émerveillés.

Rees Howells (1879-1950) est vénéré aujourd'hui par les croyants du monde entier comme un exemple d'homme juste, imprégné de l'Esprit de Dieu, qui a entrepris un ministère d'intercession pendant la Seconde Guerre mondiale (SMG). Ses prières sont créditées comme Élie d'autrefois étant « puissantes et efficaces ». Cependant, il a publiquement prédit que la guerre (SGM) se terminerait en 1940 alors que c'était le contraire, et qu'elle ne faisait que commencer. La presse a décrit cela comme un échec, ce qui a retourné l'opinion publique contre lui et le collège biblique gallois qu'il avait fondé. Cela n'a pas découragé cet homme pieux du Pays de Galles, et il a répondu à l'appel au combat spirituel dans la prière avec encore plus de détermination, sachant que Dieu a quelque chose à dire dans toutes les situations.[21]

---

21 Ruscoe, D.M. (2003). *The Intercession Of Rees Howells* [L'intercession de Rees Howells]. Lutterworth Press.

LA VIE EST UN CHAMP DE BATAILLE

Dans la Grande-Bretagne au XVIIIe siècle, la controverse théologique était monnaie courante. Dans ce contexte, l'une des attaques les plus féroces contre John Wesley (1703-1791) était d'ordre théologique. La soi-disant « controverse de procès-verbaux » (en référence aux procès-verbaux d'une des conférences de Wesley) a fait rage de 1770 à 1775. John Wesley a été accusé d' « hérésie terrible » qui était « préjudiciable aux principes fondamentaux du christianisme », et ordonné par de nombreux ministres éminents de rétracter ce qui était consigné dans ses procès-verbaux d'août 1770. Il développait quelque chose qu'il avait dit en 1744, « Nous nous sommes trop tournés vers le calvinisme », par exemple, en déclarant :

> Parler d'un état justifié ou sanctifié ne tend-il pas à tromper les hommes ? Les amenant presque naturellement à faire confiance à ce qui a été fait en un instant ? Tandis que nous sommes à chaque heure et à chaque instant agréables ou déplaisants à Dieu, selon nos œuvres : selon l'ensemble de nos humeurs intérieures et de notre comportement extérieur.[22]

Pour cette expression de « christianisme pratique », son nom a été terni et beaucoup se sont retournés contre lui.

Et nous arrivons donc à T.B. Joshua – Prophète, Pasteur, Enseignant, Humanitaire, Père dans le Seigneur pour beaucoup – et la Synagogue, Église de Toutes les Nations.

Pendant plus de deux décennies, nous avons eu un « siège au premier rang » et l'occasion d'observer la profondeur des efforts pour empêcher ce puissant ministère d'aller de l'avant. Depuis les premiers temps de notre implication dans ce « mouvement de Dieu », nous n'avons pas manqué d'opinions négatives en long et en large à propos de T.B. Joshua et avons été introduits dans le monde des faux témoins et des accusations, des campagnes de diffamation, des attaques maléfiques et des sapages de réputation.

> « La vie n'est pas un jeu. C'est un champ de bataille où seuls ceux qui sont sérieux sont victorieux. » (Voir 2 Timothée 2 : 3-4).

---

[22] Fletcher, J. (1795). *First check to Antinomianism* [Premier frein à l'antinomisme]. G. Paramore. p. 7

Quiconque cherche la vérité a besoin de patience et d'indépendance d'esprit et doit tenir compte du caractère et des antécédents de cet homme T.B. Joshua qui a élevé le nom de Jésus-Christ par des signes, des prodiges et des miracles de guérison. Cela a été constant pendant plus de 30 ans. Il existe une multitude d'exemples, dont beaucoup ont été enregistrés sur vidéo pour la postérité. En outre, il y avait l'enseignement biblique profond et l'encouragement constant aux auditeurs à faire de la Parole de Dieu le standard de leur vie et de leur méditation quotidienne.

Matthieu 7 : 18 : explique : *« Un bon arbre ne peut porter de mauvais fruits, ni un mauvais arbre porter de bons fruits. ».*

Il n'y a pas de royaume neutre ! La noirceur du cœur humain sans Dieu et la haine du Christ et de l'Évangile chrétien sont réelles. La rage contre Dieu est observée quotidiennement dans le monde occidental. Le livre de la Genèse nous rappelle qu'au temps de Noé (comme aujourd'hui),

« ... et que toutes les pensées de leur cœur se portaient chaque jour uniquement vers le mal. » (Genèse 6 : 5).

Prophète Jérémie a proclamé la même vérité,

« Le cœur est tortueux par-dessus tout, et il est méchant : Qui peut le connaître ? » (Jérémie 17 : 9).

C.S. Lewis (un professeur et théologien du XXe siècle) fait écho à cela,

« Nous ne découvrons jamais la force de l'impulsion diabolique en nous tant que nous n'essayons pas de la combattre. »[23]

DE FAUX TÉMOIGNAGES

Les Dix Commandements sont un ensemble de principes bibliques relatifs à l'éthique et au culte qui jouent un rôle fondamental dans le judaïsme et le christianisme. Pendant des siècles, ils ont façonné les démocraties chrétiennes occidentales, fournissant des règles de vie civile pour les religieux et les non-religieux. Les enfants avaient l'habitude d'apprendre les Dix Commandements à l'école du dimanche ensemble avec la prière du Seigneur en tant que principes de base de la foi chrétienne.

---

23 Lewis, C.S. (1952). *Mere Christianity* [Simple christianisme]. Macmillan. p. 78

Le neuvième de ces commandements est celui-ci : « *Tu ne porteras PAS de faux témoignage* ».

Comme beaucoup d'autres comportements pécheurs, le faux témoin ou le faux témoignage est le produit naturel d'un cœur corrompu,

« *Car c'est du cœur que viennent les mauvaises pensées, les meurtres, les adultères, les impudicités, les vols, les faux témoignages, les calomnies.* » (Matthieu 15 : 19).

Tout ce qu'il faut, c'est que l'amertume ou l'offense s'enracinent dans le cœur, et tous leurs mauvais compagnons – y compris les faux témoignages – émergeront.

Dans l'histoire chrétienne, les fausses déclarations, les campagnes de dénigrement, les propos calomnieux, les écrits diffamatoires et les campagnes concertées de calomnie ont été nombreux. Cela ne devrait pas nous surprendre, car notre ennemi, satan, ne veut pas voir prospérer l'Évangile. Et satan utilisera sans pitié toutes les faiblesses humaines à ses fins avant de laisser tomber ses instruments et de les laisser dans la misère.

« *Car nous n'avons pas à lutter contre la chair et le sang, mais contre les dominations, contre les autorités, contre les princes de ce monde de ténèbres, contre les esprits méchants dans les lieux célestes.* » (Éphésiens 6 : 12).

Les fausses accusations sont endémiques, comme les autres « péchés du cœur » tels que la luxure et la colère. Cela peut être une stratégie simple et efficace utilisée par le malin pour faire tomber un ministre ou un ministère. Le problème n'est pas nécessairement les accusations elles-mêmes, mais l'effet de semer des graines de doute dans les cœurs. Ces graines de doute peuvent alors germer et grandir, éloignant les croyants de leur destin glorieux vers un style de vie cynique rempli d'offenses, où les services religieux deviennent un devoir.

À partir des Écritures, nous observons que lorsque nous croyons à un mensonge, nous ne régressons pas simplement vers une position neutre ; nous risquons de devenir un évangéliste qui répand des commérages, des rumeurs et des mensonges pour déformer la vérité. N'importe qui peut être Pierre ; n'importe qui peut être Judas ! L'offense et le mensonge peuvent être endémiques. Le Psaume 12 : 2 nous rappelle que,

« On se dit des faussetés les uns aux autres, On a sur les lèvres des choses flatteuses, On parle avec un cœur double ».

Proverbes 6 : 16-19 nous enseigne que,

« Il y a six choses que hait l'Éternel, Et même sept qu'il a en horreur ; Les yeux hautains, la langue menteuse, Les mains qui répandent le sang innocent, Le cœur qui médite des projets iniques, Les pieds qui se hâtent de courir au mal, Le faux témoin qui dit des mensonges, Et celui qui excite des querelles entre frères. ».

L'offense, la haine, l'amertume, l'envie, la jalousie, la pauvreté et le désir d'argent ou de notoriété peuvent pousser beaucoup à corrompre la vérité. Nous avons vu cela en action. La vérité ne change pas, mais les gens peuvent changer et changent leur « histoire » en fonction de ce qu'ils visent à réaliser à un certain moment donné. Nous avons été de cela témoins à différentes occasions. Cela a également été mis en évidence dans un contexte complètement différent pour Fiona lorsqu'elle remplissait son engagement en tant que juré au Royaume-Uni.

Nous, 12 jurés issus du Royaume-Uni multiculturel, furent sévèrement sermonnés par le juge avant de commencer à examiner les preuves, à la suite d'une accusation grave. Le juge a expliqué que les gens mentent pour de nombreuses raisons et qu'ils pleurent et montrent également de l'émotion même lorsqu'ils mentent. C'était une affaire complexe, et de prime abord les histoires semblaient assez convaincantes, mais ont commencé à avoir moins de poids au fur et à mesure que le procès avançait. Au final, 10 des 12 jurés étaient prêts à prononcer leur verdict de « non-culpabilité ».

Dans le monde politique, les campagnes de diffamation font simplement partie d'un arsenal politique avant une campagne. En langage courant, il est dit que « Si vous jetez suffisamment de la boue sur une personne, une partie finira par coller et être crue. ».

Certaines campagnes ont pour but de faire disparaître une personne de la terre. La vigne de Naboth est l'un de ces récits dans la Bible. 1 Rois 21 versets 9 à 14 raconte l'histoire de Jézabel et son utilisation délibérée de fausses accusations pour ôter la vie d'un homme innocent,

« Voici ce qu'elle écrivit dans ces lettres : Publiez un jeûne ; placez Naboth à la tête du peuple, et mettez en face de lui deux méchants hommes qui déposeront

ainsi contre lui : Tu as maudit Dieu et le roi ! Puis menez-le dehors, lapidez-le, et qu'il meure. Les gens de la ville de Naboth, les anciens et les magistrats qui habitaient dans la ville, agirent comme Jézabel le leur avait fait dire, d'après ce qui était écrit dans les lettres qu'elle leur avait envoyées. Ils publièrent un jeûne, et ils placèrent Naboth à la tête du peuple ; les deux méchants hommes vinrent se mettre en face de lui, et ces méchants hommes déposèrent ainsi devant le peuple contre Naboth : Naboth a maudit Dieu et le roi ! Puis ils le menèrent hors de la ville, ils le lapidèrent, et il mourut. Et ils envoyèrent dire à Jézabel : Naboth a été lapidé, et il est mort. ».

Lorsque Néhémie reçut l'ordre de Dieu de construire les murs de Jérusalem, plusieurs tentatives malveillantes ont été faites pour l'amener à quitter son travail. L'une des réponses de Néhémie a été de refuser de s'engager dans les comptes-rendus « présumés » car, comme le dit Néhémie 6 verset 9, *« tous ces gens voulaient nous effrayer, et ils se disaient : Ils perdront courage, et l'œuvre ne se fera pas. ».*

À la fin de l'œuvre, la Bible précise que les ennemis ont compris que cette œuvre avait été réalisée par Dieu.

La persécution de T.B. Joshua au Nigéria était également au-delà de l'ordinaire. Le niveau d'accusations colorées et virulentes au fil des années contre le ministère dans une vaste panoplie de publications papiers et de sites Internet dépassait l'entendement. Des réunions de prière et des rituels étaient organisés pour mettre fin au ministère, et les habitants se laissaient convaincre de répandre des mensonges et de brandir des pancartes devant l'église pour protester.

Pendant que tout ce « bruit » se produisait, nous emmenions calmement des groupes à la SCOAN. Les témoignages les plus fréquents étaient que les visiteurs se rapprochaient de Dieu et retournaient dans leur pays pour être des membres plus actifs dans leurs diverses églises locales.

Au fil des ans, nous avons vu comment, face à une myriade d'accusations, T.B. Joshua a continué à garder son attention sur son objectif de proclamer la bonne nouvelle de Jésus-Christ et de libérer les captifs,

> Ce n'est pas ce que les hommes disent de vous qui compte vraiment dans la vie ; c'est ce que vous pensez de vous-même. Jésus

a été calomnié ; Il a été faussement accusé. Il n'a jamais supplié qui que ce soit de croire en Lui. Ils ont accusé Jésus d'être rempli de démons ! Pourtant, Il n'y a prêté aucune attention. Il a simplement continué à chasser les démons (Matthieu 12 : 24).

Les gens combattent toujours ce qu'ils ne comprennent pas. Tout au long de l'histoire humaine, les hommes de Dieu ont vu leurs noms souillés et tâchés. Des accusations et des mensonges calomnieux sont venus contre de grands dirigeants politiques ainsi que contre des ministres de Dieu. C'est une réalité dans la vie. Daniel, par exemple, a été accusé d'avoir enfreint la loi. Joseph a été faussement accusé d'avoir violé la femme de son employeur. Sachant tout cela, Jésus n'a jamais perdu Son temps avec Ses détracteurs. Il a simplement gardé Son attention sur Son objectif.[24]

L'INTÉRÊT DE LA TÉLÉVISION SE DÉGRADE

Au début, il y avait un certain intérêt international de la part des chaînes de télévision envers ce qui se passait à la SCOAN, en particulier la guérison. Cependant, la SCOAN n'est pas un lieu ordinaire et les motivations d'une personne importent. Le Saint-Esprit révèle les vrais motifs, et en voici un exemple si « ridicule » qui mérite d'être examiné pour comprendre ce qui s'y cache.

Dans les premiers jours avant Emmanuel TV, une équipe de télévision d'une société de production indépendante britannique a été autorisée à visiter et à enregistrer des parties d'un service et diverses interviews. Ils avaient dit qu'ils travaillaient pour la BBC, et lors de la visite, ils se sont montrés très élogieux, donnant même des interviews positives en direct sur l'expérience des visiteurs pendant le service. Cependant, tout cela s'est avéré trompeur. Bien que le titre provisoire de l'émission fût « le christianisme mondial », le résultat final a été diffusé sur Channel 4 en juin 2004 sous le titre « Dieu est noir ».

Nous avons regardé de manière sidérée le programme présenté comme de simples conversations dans la langue locale (yoruba) par des évangélistes locaux comme étant sinistres, et une interview avec T.B. Joshua a été édité

---

24   T.B. Joshua, *To Know The Truth is to Know Jesus Christ*, [Connaître la vérité, c'est connaître Jésus-Christ], dépliant de la SCOAN, disponible en 2001

de manière très fallacieuse. Même les images prises de la ligne de prière étaient accompagnées d'une musique effrayante superposée en arrière-plan. À ce moment-là, il n'y avait pas de délégation au Royaume-Uni, pas d'Emmanuel TV, pas d'événements évangéliques internationaux et pourtant, il y avait une tentative claire de salir le ministère au Royaume-Uni.

À une autre occasion, alors qu'il y avait quelques réunions régulières pour la prière au Royaume-Uni, certains journalistes infiltrés montraient des rapports médicaux de maladies graves, prétendant qu'ils étaient désespérés et demandant la prière.

« S'il vous plaît, voulez-vous m'aider ? Je veux recevoir la prière pour telle situation xxx », dit la jeune femme en joignant les mains d'un air implorant, ses yeux sombres nous regardant d'un air suppliant. « Je suis présente depuis quatre semaines, pourquoi ne pouvez-vous pas prier pour moi ? Voici mon rapport médical. ». L'équipe se préparait pour l'une des réunions régulières de prière avec l'Eau d'Onction.

La prière pour les malades fait partie de la liturgie chrétienne depuis l'époque du Nouveau Testament, bien que le moyen et la manière dont elle est offerte varient selon les traditions chrétiennes. Ce qui est peut-être plus important encore, c'est que le succès de la prière offerte « au nom de Jésus-Christ » peut dépendre de la foi à la fois de celui qui prie et de celui qui reçoit. Cependant, il est largement admis et donc parfaitement étrange qu'un tel service ouvert au public sans la moindre allusion à de l'argent et en pleine journée fasse l'objet d'une attention médiatisée sous couverture.

Pourquoi étions-nous sûrs que quelque chose ne tournait pas rond dans l'histoire de cette femme ? Il ne pouvait s'agir que du Saint-Esprit nous avertissant que ce que nous voyions de l'extérieur n'était pas tout à fait vrai. Nous lui avons expliqué que ce n'était pas encore le bon moment pour prier pour elle ; nous étions loin de nous douter que cette femme essayait de nous piéger pour que son équipe de caméramans sous couverture la voie recevoir la prière et soit libre de faire leurs allégations. Frustré par notre refus, un article totalement inexact a tout de même été publié (avec la photo de Fiona) dans la version en ligne d'un journal bien connu.

Plus tard, les journalistes des chaînes d'information ont fait irruption dans un service du dimanche matin avec leurs caméras forçant le passage devant les huissiers. Nous n'avions aucune idée de ce qu'ils s'attendaient à voir ! Ce n'était pas une grande réunion, et le service était déjà terminé, ce qui laissant le temps de prendre une bonne tasse de thé ensemble et de discuter, tandis que l'équipe s'occupait des visiteurs.

La majorité des participants était déjà partie lorsque l'équipe des journalistes des chaînes d'information est entrée en force. Ils se sont approchés d'un membre de l'équipe avec leur caméra et leur microphone et ont exigé de savoir pourquoi nous décourageons certains patients de prendre des médicaments (ce qui n'était pas vrai). Elle a répondu que nous serions heureux de planifier une réunion avec eux, mais que nous devions finir de nous occuper des personnes présentes. Ils ont persisté à essayer d'obtenir un commentaire, mais en vain. Nous pensions qu'ils avaient probablement fait une erreur de timing et espéraient arriver au cours du service. Un membre de l'équipe a tenté de les bloquer en mettant sa main devant la caméra, fournissant ainsi un extrait qu'ils ont finalement utilisé dans l'émission pour étayer leur récit totalement infondé.

Le 12 septembre 2014

Le 12 septembre 2014, nous sommes rentrés chez nous après une visite amicale à un étudiant boursier de la SCOAN qui étudiait à l'Université d'Oxford et avons appris qu'il y avait eu un incident majeur à la SCOAN à Lagos. Un bâtiment qui accueillait des visiteurs internationaux s'était soudainement effondré et il semblait y avoir de nombreuses victimes. T.B. Joshua décrivit cette tragédie comme « La plus grande épreuve depuis le début de mon appel ».

Ce n'était pas la seule catastrophe internationale qui s'était produite cette même année, sans que l'on sache immédiatement ce qui s'était réellement passé. Par exemple, deux avions de Malaysia Airlines se sont écrasés, l'un perdu au-dessus de la mer de Chine méridionale et l'autre au-dessus de l'Est de l'Ukraine. Lorsque des incidents aussi graves se produisent sur la scène internationale, il est courant que différents observateurs émettent des théories sur ce qui a pu se passer. En général, les médias sociaux regorgent de suggestions, certaines farfelues et d'autres plus plausibles. Toutefois, les sources officielles proches de l'incident sont généralement plus prudentes et conseillent d'attendre que des enquêtes officielles aient été menées avant de tirer des conclusions.

Dans le cas de l'incident de la SCOAN, les autorités du gouvernement local ont immédiatement cité comme ayant préjugé de ce qui s'était passé sans examiner ni même être au courant des preuves. Ils ont semblé apporter leur soutien à une campagne dont les informations ont été diffusées dans d'autres pays l'après-midi même, présentant déjà T.B. Joshua comme le méchant de l'histoire. Rien ne pouvait être plus éloigné de la vérité, mais la campagne de diffamation a persisté. Il semble qu'il y ait eu une campagne spécifique pour aller après de la presse avec des attaques contre le ministère. L'un des récits était que les membres de l'église n'ont été d'aucune aide pour les opérations de sauvetage. En revanche, en donnant des preuves concrètes, la Croix-Rouge Nigériane a témoigné du contraire,

> Les autorités de l'église nous ont bien aidés. Elles étaient tellement passionnées par les opérations de sauvetage. Et je peux vous dire catégoriquement qu'elles ne nous ont jamais empêchés de faire notre travail. Au contraire, leurs efforts ont vraiment couvert nos insuffisances.[25]

Images de vidéosurveillances montrant l'effondrant symétriquement de tout le bâtiment

Le moment même de l'effondrement du bâtiment a été filmé par des caméras de sécurité de CCTV. On y voit le bâtiment s'effondrer complètement et symétriquement en un peu moins de 4 secondes, sans affecter les bâtiments adjacents.

La nature de l'effondrement indique clairement qu'il ne s'agissait pas d'une défaillance structurelle, mais d'une démolition contrôlée, ou « implosion du bâtiment », du type de celles utilisées pour démolir des bâtiments indésirables sans affecter les parcelles adjacentes. M. Derrick Garvey, un architecte sud-africain avec plus de 50 ans d'expérience, a été sans

---

25 *Synagogue Building Collapse: Witnesses Vindicate Church…* [Effondrement d'un bâtiment de la synagogue : des témoins défendent l'église…], The Maravi Post, 30 octobre 2014

équivoque lorsqu'il a parlé de l'incident à la télévision nationale sud-africaine : « Lorsque le bâtiment s'effondre sur lui-même dans un nuage de poussière, il ne peut s'agir de rien d'autre ... C'était une démolition contrôlée par implosion. Il n'y a absolument aucun doute à ce sujet. »[26]

Une telle démolition doit être méticuleusement planifiée pour s'assurer que le bâtiment tombe dans sa propre empreinte. En général, de petits explosifs placés à des endroits stratégiques sont utilisés, bien que des pompes hydrauliques puissent également être utilisées et que, moyennant une planification et une préparation appropriées, d'autres techniques puissent déclencher une implosion.

Les images de vidéosurveillance et les vidéos enregistrées par des témoins oculaires montrent également clairement qu'un avion volant à basse altitude se trouvait à proximité du bâtiment et qu'il en a fait le tour à quatre reprises le matin de l'effondrement. Il s'agissait manifestement d'un Hercules C130 appartenant à l'armée de l'air nigériane. Les autorités l'ont officiellement reconnu, mais aucune explication ou détail n'a été donné, si ce n'est qu'il effectuait « une mission d'entraînement en circuit ». Nous avions visité la SCOAN des dizaines de fois et y avions passé de nombreux mois mais nous n'avions jamais vu un tel avion auparavant.

La présence de cet avion dans la zone uniquement ce matin-là, quelques minutes avant l'implosion, est indiscutable, même s'il n'y a aucune preuve directe de ce que l'avion était en train de faire.

Il existe différentes théories. Par exemple, un article universitaire de juillet 2015 postule que la destruction du bâtiment de la SCOAN a probablement été déclenchée par une arme infrasonique transportée à bord de l'avion.[27] Un autre article de source privée explique comment un laser chimique aurait pu être utilisé depuis l'avion pour déclencher les explosifs qui ont provoqué l'implosion.[28]

Dans deux articles publiés en juin 2017, un ancien ministre de la culture

---

26 *Newsroom* [Salle de presse], Chaîne YouTube SABC News, 31 juillet 2015
27 Iguniwei, P. B. (2015). *Élimination of Structural Failure...* [Élimination de la défaillance structurelle...]. International Journal of Scientific Engineering and Research 3 (7).
28 *A Thorough Examination Of The SCOAN Building collapse* [Un examen approfondi de l'effondrement du bâtiment de la SCOAN], The Maravi Post, 23 octobre 2014

La vie est un champ de bataille

et du tourisme et ministre de l'aviation du Nigéria affirme que le bâtiment de la SCOAN a explosé lors d'une opération secrète menée par des agents véreux des agences de renseignement. L'auteur prétend avoir été informé par des agents travaillant au sein des agences et explique en détail les possibles motivations politiques et religieuses d'une telle attaque.[29,30] Qu'il s'agisse ou non d'une explication plausible ou d'une théorie du complot, nous savons avec certitude que le conspirateur ultime, satan, a voulu détruire le ministère de T.B. Joshua.

Maintenir l'objectif sous pression et sous tension

Nous avons eu le privilège de voir la réponse d'un prophète, d'un « Général de Dieu » de notre époque, au défi auquel le ministère a été confronté en 2014, au moment de l'effondrement du bâtiment.

Prenons du recul et examinons la situation telle qu'elle s'est déroulée.

Il y a eu un événement extraordinaire en Colombie, avec le stade olympique rempli. T.B. Joshua prévoyait de descendre de la montagne où il séjournait dans un logement rustique pour prier avant l'événement du stade et s'installer dans un endroit où il pourrait être plus accessible pour que les visiteurs puissent le rencontrer.

C'est alors que l'avertissement de Dieu est apparu : « Un nuage couvre le Nigéria. Retourne à la montagne de prière (chez toi au Nigéria) et prie. Et encore une chose, achète un nouveau système de vidéosurveillance pour le terrain à Ikotun Egbe. ».

C'était en juillet et l'instruction a été suivie. Le vendredi 12 septembre, le jour de « l'attaque », l'homme de Dieu était en train de prier à la montagne de prière lorsque des rapports ont été faits concernant un étrange avion qui circulait autour de la SCOAN.

Cette attaque diabolique a été traitée avec sérénité et de manière

---

29 Femi Fani-Kayode: *How TB Joshua's church building was bombed Part 1* [Comment le bâtiment de l'église de T.B. Joshua a été bombardé Partie 1], Daily Post, 5 juin 2017
30 Femi Fani-Kayode: *How TB Joshua's church building was bombed Part 2* [Comment le bâtiment de l'église de T.B. Joshua a été bombardé Partie 2], Daily Post, 7 juin 2017

exemplaire par l'homme de Dieu.

> « Le manque de concentration est la vraie raison pour laquelle les hommes échouent. ».

Même au milieu de cette épreuve angoissante, son attention n'a pas changé. Afin d'éviter toute panique, il répartit calmement les évangélistes en équipes de secours en utilisant les ambulances présentes sur place de manière « prophétique ». Il a continué à prier sans relâche. Alors qu'il y a eu de nombreux martyrs ce jour-là, il y a eu aussi beaucoup de rescapés pour raconter leurs histoires uniques.

Pendant le service du dimanche suivant le vendredi tragique, l'homme de Dieu a été vu avec une attention inaltérée restant solide pour tous ceux qui regardaient Emmanuel TV et ceux qui étaient physiquement présents dans l'église. La ligne de prière a continué, alors que les opérations de sauvetage se poursuivaient avec succès pour ceux qui étaient piégés sous les décombres.

Nous sommes arrivés à la SCOAN juste une semaine après l'incident et nous avons pu voir la concentration inébranlable en action.

Nous avons eu le privilège de nous joindre à une équipe qui se rendait en Afrique du Sud pour rencontrer ceux qui avaient perdu des membres de leur famille dans cette attaque. C'étaient des croyants, humbles et prêts à affronter les difficultés de la vie avec foi. L'amour qui animait le cœur des gens pour le ministère était grandiose, spirituel, céleste. L'histoire révélera ce qui adviendra de la vie de ces martyrs – des personnes qui ont connu une mort inattendue dans leur quête de Dieu. Eux et leurs familles ont servi d'exemple, une norme de comportement que nous ne pouvons qu'espérer imiter. De nombreuses familles continueront d'être soutenues par le ministère par le biais de l'éducation.

T.B. Joshua au Mexique, 2015

Avance rapide pour arriver au Mexique en 2015. Alors que nous regardions le stade aztèque bondé (le plus grand d'Amérique latine) et que nous voyions le nom de Jésus-Christ honoré et élevé, quelques mois à peine après cette attaque dévastatrice, nous avons remercié Dieu que l'attention de son serviteur, Prophète de T.B. Joshua, n'ait pas été brisée. De nombreuses familles de martyrs étaient présentes en tant qu'invités d'honneur.

Cette attaque diabolique, car c'en était une, avait pour but de mettre le ministère en péril et de le blesser mortellement. Mais à Dieu soit la gloire, à mesure que le temps a passé, alors qu'il y avait encore des mystères à résoudre au temps voulu par Dieu, le ministère est sorti plus fort.

DU BRUIT À NAZARETH

En juin 2019, T.B. Joshua a tenu une réunion historique sur le Mont Précipice à Nazareth, en Israël, la ville natale de Jésus-Christ. Des milliers de personnes sont venues du monde entier. Cependant, avant que l'événement n'ait lieu, il y eut du bruit dans tout Israël au point dire que l'événement serait annulé.[31]

Les chefs religieux des traditions chrétiennes et islamiques intervenus à la télévision pour mettre en garde leurs fidèles,

« Même par curiosité, [notre peuple] ne devrait pas y aller ; s'il le fait, il promeut un menteur, une personne qui n'aime pas les bienfaits de la foi chrétienne. Cet homme ne fait que promouvoir des mensonges, et quiconque suit ce menteur est inique. C'est pourquoi nous interdisons à notre peuple de participer à cet événement. ».

« Nous ne devrions pas donner cet endroit, qui est considéré comme très saint, à un sorcier. Nous ne devrions pas lui permettre d'utiliser notre terre pour se faire connaître. Je suis contre cette visite ; cette personne irrite des gens de toutes les religions à Nazareth. On devrait l'interdire et ne pas lui donner la moindre opportunité ! ».

---

31 *La persécution est une promotion ! Documentaire sur TB Joshua à Nazareth*, publication Facebook du Ministère de T.B. Joshua, 24 août 2020

« Boycotter le sorcier sioniste est un devoir national et religieux. ».

Avant l'événement, le Mont Précipice a même été incendié pour empêcher l'événement de se produire. Une manifestation a également eu lieu, les gens scandant : « Écoutez-nous ! Que ce sorcier disparaisse loin de nous ! Le Mont Précipice ne sera jamais humilié par vous, lâche ! ».

Le bruit a continué alors même que l'événement se déroulait. Alors que T.B. Joshua prêchait sur l'amour, des groupes religieux situés en face de la réunion ont diffusé ce message : « Ne participez pas avec ce sorcier. C'est un sorcier sur notre décente terre. ».

Même après l'événement, un groupe de religieux a effectué un « rituel » au Mont Précipice, affirmant qu'ils nettoyaient le site biblique à l'aide de sel, d'eau et de feuilles.

T.B. Joshua a néanmoins continué jusqu'à ce qu'il ait terminé ce que le Seigneur l'avait envoyé faire à Nazareth, en prononçant le nom de Jésus-Christ en public après 2000 ans. De plus, des guérisons, des délivrances, des signes et des prodiges ont eu lieu en Son nom.

« Et les ayant appelés, ils leur défendirent absolument de parler et d'enseigner au nom de Jésus. Pierre et Jean leur répondirent : Jugez s'il est juste, devant Dieu, de vous obéir plutôt qu'à Dieu » (Actes 4 : 18-19).

Comme l'a dit T.B. Joshua à propos de cet événement,

> Vous avez seulement besoin d'entendre, « Va ! » d'en haut, du Ciel. Qui êtes-vous pour dire non ? Quand Dieu dit oui, personne ne peut dire non. Le bruit du nord et du sud, le bruit de l'Est et de l'Ouest, n'a pas d'importance. Il ne fait que la promotion.[32]

Nous avons eu le privilège d'observer tout cela se dérouler sous nos yeux. En effet, même du point de vue de la planification et de l'organisation, l'événement donna souvent l'impression qu'il ne pourrait pas avoir lieu. Mais Prophète T.B. Joshua avait reçu la parole de Jésus disant : 'Vas-y !' Comme il l'a expliqué à l'un des membres de l'équipe qui se demandait si l'événement allait vraiment avoir lieu, pour lui, cela s'était déjà produit au Ciel. Nous avions simplement besoin de tenir bon dans la foi.

---

32 Ibid.

La suspension de la chaîne YouTube

En 2021, Emmanuel TV était devenu la chaîne chrétienne généraliste la plus regardée sur YouTube, avec ses vidéos traduites en plusieurs langues et visionnées collectivement plus de 1 000 000 000 de fois. Cependant, en avril 2021, YouTube a fermé la chaîne, citant ses lignes directrices communautaires qui interdisent les « propos haineux ».

De nombreux abonnés ont exprimé leur stupeur et leur surprise en inondant les réseaux sociaux de demandes pour que YouTube rétablisse Emmanuel TV sur sa plateforme. Certains ont fait part de leur mécontentement à l'égard de la décision dans des articles publiés dans la presse africaine. Par exemple, un paragraphe de la plainte, faisant référence à YouTube,

> Ils affirment que leurs actions s'étaient basées sur des « propos haineux » tenus dans une vidéo de délivrance. Une vidéo qui, pour un vrai croyant, est un témoignage inspirant de transformation.[33]

D'autres commentateurs se sont inquiétés des implications plus larges pour tous ceux qui pourraient adhérer aux valeurs chrétiennes conservatrices. Par exemple, Noah Pitcher, rédacteur en politique mondiale pour Today News Africa, une organisation de presse internationale basée aux États-Unis et axée sur la politique américano-africaine, a déclaré que,

> L'étiquette de propos haineux peut sembler vaguement définie, globale et ouverte à une interprétation subjective... Cela soulève de nombreuses inquiétudes parmi les communautés religieuses qui se demandent si les pasteurs peuvent être punis pour avoir simplement lu les enseignements des Écritures.[34]

L'Association de la presse nigériane-américaine s'est également exprimée, qualifiant la décision de Google (la société mère de YouTube) de « discriminatoire ».[35]

---

33 *The Tyranny of Social Media Giants and Modern Persecution of the Church* [La tyrannie des géants des médias sociaux et la persécution moderne de l'Église], The Maravi Post, 17 avril 2021
34 *YouTube walks dangerous line between tolerance and censorship in its decision to terminate channel of famed Nigerian pastor T.B. Joshua* [YouTube franchit une ligne dangereuse entre tolérance et censure en décidant de mettre fin à la chaîne du célèbre pasteur nigérian T.B. Joshua], Today News Africa, 21 avril 2021
35 *YouTube ban was 'work of God' — TB Joshua* [La suspension de la chaîne YouTube était « l'œuvre de Dieu » – T.B. Joshua], La Nation (Nigéria), 19 avril 2021

Dans ce contexte de tensions et de conflits potentiels, T.B. Joshua a abordé la question directement lors d'un rassemblement avec les partenaires d'Emmanuel TV, encourageant ses partisans à apprécier YouTube et à prier pour ce dernier.

> Ce qui s'est passé est une bénédiction. Je veux que vous m'aidiez à prier pour YouTube. Priez pour eux ! Ne les voyez pas dans l'autre sens ; voyez-les comme des amis. Nous devons être forts.
>
> Humainement, je sais que la façon dont vous voyez les choses n'est pas la façon dont je vais les voir. Je vois les choses différemment. N'oubliez pas de prier pour YouTube. Beaucoup d'entre vous qui êtes ici aujourd'hui – sans YouTube, vous ne seriez probablement pas ici. C'est grâce à YouTube que vous avez vu T.B. Joshua et que vous avez été à mesure de venir ici. S'il vous plaît, priez pour eux. Voyez les choses sous un autre angle.[36]

Il a poursuivi en expliquant qu'en tant que Chrétiens, tout ce que nous traversons a pour but de nous préparer pour l'avenir. Ce qui compte, ce n'est pas ce que dit l'un ou l'autre parti, mais ce que dit l'avenir. Nous devons porter chaque réaction à Dieu dans la prière.

Encore une fois, Prophète T.B. Joshua n'a pas perdu de vue sa relation avec Dieu. Comme l'a dit l'apôtre Pierre,

« Ainsi, que ceux qui souffrent selon la volonté de Dieu remettent leurs âmes au fidèle Créateur, en faisant ce qui est bien. » (1 Pierre 4 : 19).

DE LA PUBLICITÉ GRATUITE

T.B. Joshua n'a jamais fait de publicité pour ses sermons ou services religieux, mais a réussi à attirer l'attention du monde entier. Le secret ? La persécution !

> « Laissez les gens vous faire de la publicité. Ne vous battez pas. Si vous êtes vraiment sincère, quoi que les gens disent de vous – qu'ils vous condamnent, qu'ils salissent votre nom ou qu'ils vous louent – c'est pour votre bien. ».[37]

---

36 *My Response to Emmanuel TV's Suspension on YouTube* [Ma réponse à la suspension d'Emmanuel TV sur YouTube], *publiée sur Facebook du Ministère de T.B. Joshua, 18 avril* 2021
37 Compte (Twitter) officiel de T.B. Joshua, 18 avril 2017

La vie est un champ de bataille

Il y a près de 300 ans, John Fletcher, un proche collaborateur de John Wesley – qui n'était pas étranger aux questions controversées – a fait une observation similaire, réfléchissant profondément à la manière dont l'opposition de Satan fonctionne pour le bien de l'Évangilel.

> Plus le dieu de ce monde dégénéré s'élève contre la vérité, plus il dispose tout cœur sincère à la recevoir. L'Evangile est ce roc éternel sur lequel l'Eglise est fondée, et contre lequel les portes de l'enfer ne pourront jamais prévaloir ; et bien que ce rocher soit assailli par d'innombrables foules d'ennemis visibles et invisibles, leurs assauts répétés ne servent qu'à démontrer, avec une certitude croissante, sa fermeté inébranlable et son impénétrabilité absolue.
>
> La vision claire du bien souverain, tel que l'Évangile nous le présente, suffit à le rendre universellement désirable. Cependant le voile de l'inattention cache en grande partie ce bien souverain, et les brumes des préjugés l'obscurcissent entièrement. Mais par la conduite inhumaine des persécuteurs du christianisme, leurs fausses accusations, leurs complots secrets et leur cruauté inouïe, ces brumes sont souvent dissipées, et ces voiles se déchirent en deux de haut en bas.
>
> L'erreur est ainsi involontairement exposée à la vue du monde ; tandis que tout observateur impartial, attiré par les charmes de la vérité persécutée, en examine la nature, en reconnaît l'excellence, et triomphe enfin dans la possession de cette perle inestimable qu'il avait autrefois méprisée. C'est ainsi que les larmes des fidèles et le sang des confesseurs se sont généralement avérés disperser et nourrir la semence du royaume.[38]

L'engagement renforce la foi

« La foi active fait que ces choses qui sont contre nous sont pour nous. ».

En effet, ces choses qui sont destinées à venir contre le peuple de Dieu peuvent contribuer à son avancement. La foi doit être testée dans une situation réelle. Lorsque vous restez fidèle à votre engagement malgré

---

38 Fletcher, J. (1804). *The Portrait of St. Paul* [Le Portrait de Saint Paul] Kirk & Robinson. pp. 116–7

les épreuves, Jésus vous donnera plus de foi.

Ce chapitre se termine par les paroles d'un puissant sermon de T.B. Joshua, expliquant pourquoi la persécution est inévitable et révélant la relation profonde entre la foi et l'engagement.

L'ENGAGEMENT AMÉLIORE LA FOI

T.B. Joshua, Service du dimanche de la SCOAN, 12 août 2018.

Jean 15 : 18-19 – *Si le monde vous hait, sachez qu'il m'a haï avant vous. Si vous étiez du monde, le monde aimerait ce qui est à lui ; mais parce que vous n'êtes pas du monde, et que je vous ai choisis du milieu du monde, à cause de cela le monde vous hait.*

Le monde déteste les disciples de Jésus, et vous êtes l'un des disciples. Si vous êtes un disciple de Jésus, bien que vous soyez dans le monde, vous n'en faites pas partie. C'est pourquoi le monde vous déteste – parce que vous ne faites pas partie de tout ce que le monde représente.

Il y a une barrière entre nous et tout ce qu'il y a dans le monde si vous êtes un disciple.

Dès l'instant où nous nous identifions à Jésus-Christ et l'acceptons véritablement comme notre Seigneur et Sauveur, le monde nous hait. La preuve que vous recevez Jésus vraiment, sincèrement, c'est que le monde vous haïra. Le monde actuellement sous contrôle satanique vous haïra de la même manière qu'il haïssait Jésus.

Certains d'entre nous diraient : « Pourquoi devrions-nous souffrir et mourir après que Jésus ait remporté la victoire sur la croix et ait souffert pour nous ? La réponse se trouve dans Jean 15 : 20, où Jésus dit,

« *Le serviteur n'est pas plus grand que son maître. S'ils m'ont persécuté, ils vous persécuteront aussi.* ».

Quiconque prétend qu'il n'a pas à souffrir parce que Jésus a souffert pour lui contredit ce que Jésus a dit. En d'autres termes, nous disons que lorsque nous acceptons Jésus-Christ comme notre Seigneur et Sauveur, nous acceptons d'être citoyens du Ciel et de mourir sur terre. Un engagement total est ce que Jésus demande tout au long de l'Évangile.

La doctrine qui dit qu'il n'y aura pas de souffrance, pas de problèmes de santé, pas d'épreuves n'est pas conforme à la Parole de Dieu parce qu'un homme peut être malade dans son corps et pourtant être un candidat du Ciel, un ami de Jésus. Un homme peut être pauvre et pourtant être un favori du Ciel.

Ne laissez pas votre situation vous dominer. Beaucoup aujourd'hui, lorsqu'ils sont malades, commencent à voir Jésus sous un mauvais angle. Dans notre marche avec le Seigneur, il y a des moments heureux et des moments difficiles, des moments où tout va bien et l'inverse. Nous apprenons mieux quand les choses vont dans l'autre sens plutôt que quand les choses vont dans notre sens.

Nous ne pouvons pas séparer la guerre et le salut. Le vrai salut nous placera en conflit direct avec satan. Le jour où vous vous engagez totalement envers Jésus, vous avez déclaré la guerre à satan. En vous identifiant à Jésus de Nazareth, vous vous êtes fait un ennemi acharné de satan.

Une fois que Jésus nous a achetés, nous devenons des extraterrestres ici sur terre – des étrangers. Il y aura une barrière entre nous et tout ce qui est sur terre. Quelle est la barrière ? Vous ne pouvez pas aller là où Jésus ne sera pas accueilli ; vous ne pouvez pas dire ce que Jésus ne voudrait pas entendre ; vous devez aller là où il sera accueilli.

Avant de pouvoir être accepté, l'engagement demande à Jésus de vous accepter. Vous dites : « Seigneur Jésus, je suis un pécheur. Lave-moi avec ton précieux sang ; sauve mon âme », et vous arrêtez de fumer, d'aller dans les boîtes de nuit, de vous battre et de vivre dans la jalousie. Cependant, tant que votre cœur n'accepte pas ce que vous dites, vous n'avez pas un tel cœur.

L'engagement demande à Jésus de vous accepter.

Il y a beaucoup de choses que vous avez faites ou que vous prétendez faire, mais vous êtes loin de l'être dans votre cœur. Par exemple, vous avez accepté Jésus comme votre Seigneur et Sauveur, et vous avez arrêté de fumer, mais vous continuez à fumer dans vos rêves. Vous vivez une vie bridée ; vous n'êtes pas libre ; c'est-à-dire que vous vivez toujours avec des envies – des envies de ceci et de cela. Vous dites « Je suis un enfant de Dieu », mais vous vous retrouvez à boire de l'alcool ou à coucher avec différentes femmes dans vos rêves. C'est parce que vous ne l'êtes pas dans votre cœur.

L'engagement est un pont, un entre-deux, un lien, un intermédiaire entre nous et Jésus. L'engagement signifie « le penser de tout votre cœur ». Au moment où vous vous engagez, vous serez testé et mis à l'épreuve pour montrer que vous pensez vraiment ce que vous dites. Êtes-vous sincère ou vous trompez-vous vous-même ?

Lorsque vous restez fidèle à votre engagement tout au long des épreuves, Jésus vous donnera de plus en plus de foi au fur et à mesure que vous avancerez. La foi est un pur don de Dieu. Vous ne pouvez pas grandir dans la foi si vous ne vous engagez pas. Seule la foi plaît à Dieu.

Dieu peut utiliser n'importe quel moyen

« Oindre de l'eau ! Cette Eau d'Onction ira dans des endroits difficiles d'accès ! ». Telle était l'instruction reçue de Dieu. Il s'agissait d'une instruction pieuse qui découle du fait que T.B. Joshua a cherché la face du Dieu tout-puissant à la montagne de prière et qu'il était ainsi plongé dans une prière fervente et efficace.

L'Eau d'Onction

Entre la première série d'événements évangéliques internationaux ((campagnes d'évangélisation) dans différents pays jusqu'en 2007 et la deuxième série de ces événements de ce type, qui a repris en 2014, il y a eu le lancement de l'« Eau d'Onction », parfois connue sous le nom de l'« Eau du Matin ». Commençant par des bouteilles plus grandes, la taille des bouteilles seront ensuite réduites à un format permettant de les transporter officiellement dans un avion.

Pourquoi l'eau ? Eh bien, Dieu peut utiliser n'importe quel moyen, et comme T.B. Joshua l'a souligné, vous pouvez appliquer de l'eau en toute sécurité sur différentes parties du corps.

L'effet de cette instruction fut immense ; par exemple, l'Eau d'Onction offerte gratuitement aux visiteurs de la SCOAN figurait dans des témoignages du monde entier avec des langues, des cultures, des fuseaux horaires et des expériences chrétiennes différents.

Ce don gratuit était controversé pour certaines personnes et tout à fait acceptable pour d'autres parties de la chrétienté.

Ces points sont mystérieux. Par exemple, l'Eau d'Onction est, dans un sens (chimiquement), de l'eau ordinaire. Pourtant, dans un autre sens, comment pourrait-elle être ordinaire ? Elle n'est pas issue d'une discussion de réunion du conseil d'administration avec des chiffres, des quotas, des prix et des délais, et l'onction qui la sous-tend est authentique et puissante.

Mandatés pour voyager

En tant qu'évangélistes du glorieux Évangile de notre Seigneur et Sauveur Jésus-Christ et sous la direction du Prophète T.B. Joshua, il est arrivé un temps où nous avons été envoyés partout dans le monde pour prêcher l'Évangile et prier pour les malades et les affligés au nom de Jésus-Christ en utilisant le moyen de l'Eau d'Onction.

C'était au début du mois d'octobre 2010 et nous visitions la SCOAN à Lagos. C'était une période difficile où les diverses attaques contre le ministère avaient fait du bruit dans notre pays, et nous avons demandé à venir prier pour chercher la face de Dieu dans un tel lieu de foi.

C'était génial d'être là, mais aussi intéressant parce que nous attendions et nous ne savions pas ce que nous attendions ! Nous avons essayé d'être patients, mais c'était une période de test. Lors d'une conversation privée entre nous, nous nous sommes souvenus des occasions où, cinq ou six ans auparavant, nous avions visité la Russie pour encourager les croyants là-bas et aider certains à visiter la SCOAN, et combien nous avions apprécié rencontrer les croyants russes. Juste avant notre départ pour l'aéroport, nous avons reçu un appel pour passer au bureau. Ce qui s'est passé ensuite était comme tiré directement de la Bible,

DIEU PEUT UTILISER N'IMPORTE QUEL MOYEN

« L'un de ses serviteurs répondit : Personne ! ô roi mon seigneur ; mais Élisée, Prophète, qui est en Israël, rapporte au roi d'Israël les paroles que tu prononces dans ta chambre à coucher. » (2 Rois 6 : 11-13).

Nous sommes entrés dans le petit bureau, conscients qu'il s'agissait d'une rencontre avec un prophète. Nous croyons à ce jour que T.B. Joshua ne savait pas ce qu'il allait nous dire quand nous sommes entrés dans le bureau. Lentement, il a pris un sac avec des bouteilles d'Eau d'Onction, s'est arrêté, a attendu, semblant (selon notre observation attentive) écouter, puis l'a rempli jusqu'à ce qu'il y ait 11 ou 12. Et puis est venu l'instruction pieuse :

« Vous êtes des évangélistes. Allez en Russie ! Laissez-moi prier pour vous. ».

Lentement, délibérément, il a joint nos mains, les a tenues et a prié : « Père, engage-toi à les protéger, renforce leur désir pour Christ. ». C'était un envoi, une mission, pour « montrer ce que l'Eau pouvait faire ». La foi, la paix et un immense sens de l'objectif ont inondé nos cœurs, et même à l'aéroport de Lagos, en attendant l'embarquement, nous avons commencé nos recherches sur la façon de « réaliser cela ».

La suite va nous lancer dans deux années de voyages itinérants, principalement dans les pays russophones. Dans les terres lointaines et froides de la Russie asiatique, aux confins de l'Ouzbékistan, dans de petits appartements d'une chambre à Kazan avec 50 personnes entassées, et dans des lieux de rencontre chrétiens cachés à Karaganda dans les vastes « steppes » qui constituent le Kazakhstan, les croyants, qui se réunissaient souvent encore un peu en secret, avaient entendu parler de T.B. Joshua, et voulaient faire l'expérience de l'onction de Dieu.

Les réunions, qu'elles soient grandes ou petites, suivraient un format similaire : un temps de prédication à partir des Évangiles, souvent basé sur l'aveugle Bartimée (Marc 10 : 46-52), la femme Cananéenne (Matthieu 15 : 21-28) où l'homme descendu à travers le toit (Marc 2 : 1-12). C'était pour aider la congrégation à se concentrer sur Jésus et à demander sa miséricorde. Nous montrions ensuite des vidéos (avec une traduction en russe) de témoignages de prières avec l'Eau d'Onction et de prières de masse de la SCOAN. La congrégation se levait et se joignait à la Prière de

Masse, ce qui aboutissait presque toujours à ce que certaines personnes manifestent des esprits mauvais et proclament ensuite la guérison.

C'était aussi l'occasion d'expliquer qu'il n'y avait pas de théologie particulière liée à l'eau et que l'Eau d'Onction n'était pas à vendre : Dieu peut oindre n'importe quoi, et on ne peut pas vendre « l'onction ». T.B. Joshua lui-même a expliqué que tout paiement pour l'eau, ou même pour son acheminement ou sa livraison, en ferait une « eau ordinaire ». De nombreux croyants de différents pays et de différents horizons, en particulier ceux qui étaient pauvres, l'ont compris très simplement.

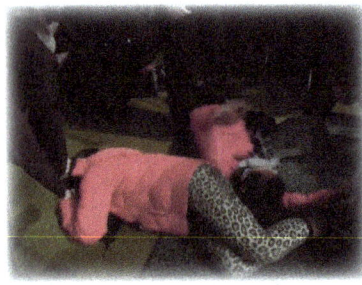

Réactions à la prière avec de l'Eau d'Onction

C'est dans un de ces endroits reculés, où la neige tombait à flots, que nous avons vu la puissance pure de Dieu, au-delà de la culture, de la race et du confort. Les fidèles s'avançaient et attendaient dans une file d'attente. L'eau a été pulvérisée sans aucun contact humain. À peine les mots étaient-ils prononcés, « Au nom puissant de Jésus-Christ ! », que les gens commençaient à crier, à pleurer et à s'agiter encore et encore. Le contraste entre une attitude correcte et polie et un comportement de colère, de rage et même d'animal avec des bruits sinistres était instantané.

Une de ces dames, qui s'était jetée à plusieurs reprises sur nous et qui grognait pendant que nous priions et pulvérisions l'eau, sera celle qui, le lendemain, témoignera d'une amélioration remarquable de sa santé physique.

« Le voleur ne vient que pour dérober, égorger et détruire ; moi, je suis venu afin que les brebis aient la vie, et qu'elles soient dans l'abondance. » (Jean 10 : 10).

Quelques témoignages

Il serait difficile de quantifier le nombre de fois où nous avons vu ou entendu des témoignages de suivi après avoir pulvérisé cette eau pendant la prière. Nous avons personnellement expérimenté la protection de Dieu et une amélioration significative de notre condition physique lorsque nous avons rencontré des problèmes de santé lors de nos voyages.

Kirghizistan

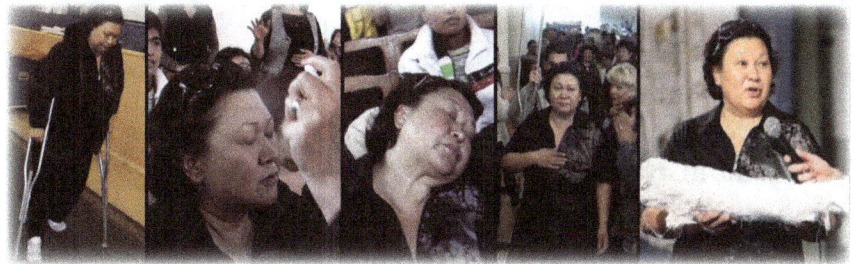

Guérison au Kirghizistan

Parmi les souvenirs marquants, citons la guérison d'une dame avec un genou disloqué et fissuré lors d'une grande réunion d'église au Kirghizistan. Elle s'est présentée à l'enregistrement de la prière avec des béquilles, incapable de mettre du poids sur la jambe blessée, et nous avons procédé à un entretien complet. Nous l'avons encouragée à rester dans la foi, et elle s'est assise au fond de la salle. Nous lui avons expliqué que nous allions la voir pendant le temps du ministère pour pulvériser l'eau, croyant que Dieu réduirait sa douleur. Ce qui s'est passé était incroyable. Jésus est entré en scène ; elle a semblé tomber presque en transe, puis s'est levée joyeusement et avec confiance et a descendu les escaliers sans ses béquilles pour monter sur l'estrade. Après cela, elle a voulu que les bandages et le plâtre soient retirés, ce qu'a fait une infirmière locale !

Ukraine

Ensuite, il y a eu les témoignages de ceux qui ont reçu « le fruit des entrailles », n'ayant pas eu d'enfant pendant de nombreuses années. Lors d'une visite dans une église en Ukraine en septembre 2012, nous avons eu la joie d'enregistrer trois témoignages de « bébés miracles » en même temps. Pendant un certain temps, il y avait une Eau d'Onction spéciale désignée par Prophète T.B. Joshua comme étant pour le fruit des entrailles, et cela figurait dans chacun des témoignages.

Une femme avait été diagnostiquée avec un gros kyste ovarien et les médecins lui avaient dit qu'elle ne pouvait pas concevoir. Ses rapports médicaux et ses scanners montraient clairement le gros kyste. Nous avions prié pour elle au nom de Jésus en utilisant l'Eau d'Onction lors d'un service en Ukraine à la fin de 2010. Nous lui avions également donné une bouteille d'Eau d'Onction spéciale « fruit des entrailles » à utiliser à la maison. Trois mois plus tard, elle a conçu et en septembre 2012, sa fille en bonne santé avait neuf mois.

Un autre couple a également reçu son miracle par l'administration de l'Eau d'Onction, mais d'une manière différente. Le pasteur de l'église était revenu d'une visite à la SCOAN au début du mois de mars 2011, apportant avec lui une partie de l'Eau d'Onction du « fruit des entrailles ». Inspiré par ce dont il avait été témoin à la SCOAN, il a organisé un service de prière sur le thème du « fruit des entrailles » dans son église, en faisant circuler un foulard qu'il avait oint d'eau. L'enfant a été conçu un mois seulement après cette prière de foi.

Témoignages du « Fruit des entrailles » en Ukraine

Le troisième couple était les pasteurs eux-mêmes. Ayant essayé sans succès d'avoir un deuxième enfant, leur premier enfant maintenant âgé de 18 ans, ils ont également prié avec l'Eau d'Onction ramenée de la visite du pasteur Dima à la SCOAN. Ils ont découvert qu'en l'espace d'un mois, ils attendaient aussi un bébé.

Le pasteur Dima a visité à nouveau la SCOAN en novembre 2011 pour partager son témoignage et aussi pour demander à Dieu une percée dans le ministère surnaturel pour toute l'église. Il a reçu une prophétie de T.B. Joshua pendant le service, expliquant comment Dieu l'utiliserait dans sa nation. Puis, lorsqu'il a rencontré T.B. Joshua à la fin de sa visite, il a reçu un don et a senti la puissance de Dieu descendre dans ses mains. À son retour, il y eut en effet une percée spirituelle dans son église.

Un autre témoignage Ukrainien

Dieu peut utiliser n'importe quel moyen

Pakistan

Un pasteur russe nous a mis en contact avec une église au Pakistan, où nous avons également apporté de l'Eau d'Onction. Ici, les témoignages se sont étendus aux communautés paysannes rurales. Le révérend Khalid Jamali nous a envoyé ce témoignage après une de nos visites,

> « Je suis allé au village de Chathian Wala, où vivent des éleveurs de buffles. Chacun possède entre 10 et 30 buffles mais une femme n'a qu'un seul buffle. Elle n'a que la source de revenus d'un buffle et ce buffle était proche de la mort à l'époque où nous étions là pour une réunion d'Eau d'Onction. La dame est venue et je lui ai donné de l'Eau d'Onction. Lorsque le buffle l'a bu, au bout de deux minutes, le buffle était guéri et la femme s'est mise à pleurer de bonheur et de joie. ».[39]

L'année suivante, nous avons pu visiter ce village et enregistrer quelques autres témoignages de l'utilisation de l'Eau d'Onction, y compris l'histoire d'un jeune homme appelé Zahid. Le revenu de sa famille provenait d'un champ de blé juste à l'extérieur du village, que les insectes avaient gâché. Il n'avait pas les moyens de pulvériser un insecticide sur la zone, mais avec foi dans le sang de

Témoignage agricole au Pakistan

Jésus-Christ, il a pulvérisé le champ avec de l'Eau d'Onction. Le blé a poussé et cette année-là, ils ont obtenu une récolte record.

Dans le quartier du centre-ville densément peuplé de Kahna Nau à Lahore, au Pakistan, nous avons suivi le pasteur jusqu'à une cour en ruine, où nous avons vu un jeune homme allongé sur un matelas. L'homme appelé Shahzad a levé les yeux vers nous. Nous avons été choqués d'apprendre qu'il était allongé depuis des mois avec une grave blessure anale qui s'aggravait de semaine en semaine.

Gary a rapidement pulvérisé de l'Eau d'Onction sur la plaie, nous en avons également pulvérisé dans une bouteille d'eau qu'il utilisera plus

---

39 Communication privée par courrier électronique, 4 septembre 2012.

tard, et nous l'avons encouragé à rester dans la foi en Jésus-Christ.

En revenant six mois plus tard, nous avons écouté son incroyable témoignage dit en Urdu :

Témoignage de guérison au Pakistan

« J'ai eu une blessure aux fesses pendant sept mois. Je ne pouvais pas aller aux toilettes. Tout le temps, je restais allongé sur mon lit. J'ai prié Dieu de m'aider. L'année dernière, vous êtes venu avec l'Eau d'Onction de T.B. Joshua et le frère Gary en a pulvérisé un peu sur ma blessure. Quelques jours plus tard, elle était complètement guérie.

Tout ce qui se passe dans ma vie, je le fais maintenant normalement. J'ai reçu ma guérison par le moyen de l'Eau d'Onction, par la puissance de notre Seigneur Jésus-Christ. »

Quelques aventures

Au milieu de notre voyage à travers l'ex-Union soviétique jusqu'à Khabarovsk, près des frontières chinoises, nous avons subi une attaque inhabituelle. T.B. Joshua a souvent rappelé à l'église qu'en tant que croyants, il n'y a pas de « temps mort ». Nous avons besoin de Jésus dans tous les domaines de notre vie à tout moment.

« *Soyez sobres, veillez. Votre adversaire, le diable, rôde comme un lion rugissant, cherchant qui il dévorera.* » (1 Pierre 5 : 8).

La nuit précédente, nous avions prié pour beaucoup avec l'Eau d'Onction et vu des cas de délivrance spectaculaires. Nous sommes retournés au logement du pasteur pour nous reposer avant notre long voyage. L'hospitalité chrétienne russe est bien connue, et en nous conduisant à l'aéroport, le pasteur a tenu à s'assurer que nous mangions bien. Le restaurant local avait une attraction vedette, un gros ours en colère dans une cage dont nous allions bientôt découvrir qu'elle n'était pas du tout sécurisée. Notre hôte voulait que nous posions pour une photo, et c'est à contrecœur que nous avons accepté. Fiona explique ce qui s'est passé ensuite,

Dieu peut utiliser n'importe quel moyen

Soudain, je vois Gary tituber, et instinctivement je l'éloigne (juste à temps). La cage n'est pas en bon état et l'ours a enfoncé ses dents profondément dans le bras de Gary à travers son manteau (une attaque diabolique visant à lui couper le bras, comme l'a expliqué plus tard un ami chasseur Sud-Africain). C'était le bras de Gary, si tellement utilisé pour l'Évangile dans tout le travail de traduction, l'édition post-production d'enregistrements caritatifs, etc.,

L'Ours Russe en colère

sans parler de la pulvérisation avec l'Eau d'Onction. La blessure était profonde, le sang coulait, et j'ai sorti l'Eau d'Onction et j'ai rapidement aspergé le bras. Lors de l'examen médical, la plaie s'est avérée trop profonde pour être suturée ; elle a dû être pansée régulièrement. La cicatrice est toujours présente sur le bras de Gary. C'était en effet une attaque diabolique !

L'Eau d'Onction a suscité des réactions intéressantes de la part de ceux qui nous avaient invités à prier. Au terme d'un long voyage en avion vers ce qui semblait être l'autre bout du monde se trouve l'ancienne colonie pénitentiaire de l'île de Sakhaline, située entre le continent asiatique russe et le Japon. Alors que nous nous préparions pour la réunion, nous avons réalisé qu'une discussion quelque peu animée se déroulait dans la pièce voisine entre le pasteur et d'autres responsables. 'Qu'en est-il de cette eau ? Dieu l'utilise-t-il vraiment ? Est-ce que c'est théologiquement valable ? ». Il était difficile de savoir si nous serions autorisés à prier avec l'eau, mais, Dieu merci, nous avons pu expliquer qu'il s'agissait « uniquement de Jésus » – l'eau étant simplement un symbole pour aider la foi des gens – et ils nous ont accordé le bénéfice du doute.

Un chanteur de gospel russe, originaire des États-Unis, avait été invité à conduire le même service des invités. On ne lui a pas parlé de nous ni nous de lui. Le pasteur avait fait une « double réservation ». Nous avons pu voir le côté amusant de cela, et en effet Dieu était au contrôle. Le chanteur de gospel s'est avéré très utile et il s'est impliqué à fond dans le ministère, faisant office de traducteur pour certains des grands témoignages. Le jour suivant, avec le pasteur qui avait tenu bon sur la question de l'administration de l'Eau d'Onction, nous sommes tous allés à la plage sous la neige. Nous les avons enregistrés alors qu'ils adressaient de chaleureux vœux de Noël aux téléspectateurs d'Emmanuel TV.

Lors d'une petite réunion en Ukraine, notre traducteur était un homme imposant avec une longue barbe noire. Il nous a d'abord accueillis chaleureusement, mais au moment du service où nous avons projeté la vidéo explicative sur l'eau ointe, que nous montrions partout où nous allions, il a réagi étrangement. Assis à l'avant, il s'est levé brusquement au moment où les images montraient T.B. Joshua en train de faire une démonstration de la prière de guérison en utilisant l'eau, nous a lancé un regard noir et est sorti. Nous ne l'avons plus jamais revu. Qu'est-il arrivé ? Que s'est-il passé ? Il s'agissait bien d'une réaction spirituelle à l'œuvre de Dieu projetée sur l'écran. Le pasteur hôte ne parlait pas anglais, mais l'un des membres de l'équipe chargée d'organiser la réunion avait quelques notions d'anglais et elle est intervenue comme si rien ne s'était passé. La réunion s'est poursuivie et s'est terminée avec Raisa, une babushka (grand-mère) âgée qui était venue au service avec une canne, et qui l'a jeté en s'éloignant joyeusement sur un vélo !

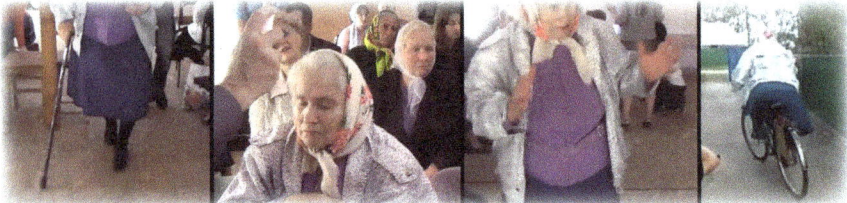

Lors d'une réunion au Royaume-Uni, il y avait une dame calme aux manières impeccables. Nous le savions parce que nous avions passé une heure avec elle alors qu'elle nous faisait part de ses inquiétudes au sujet de son enfant ; elle semblait être la femme la plus gentille qui soit. Avançant rapidement jusqu'à la ligne de prière, et avec une pulvérisation de l'Eau d'Onction et la mention du nom au-dessus de tous les noms, Jésus-Christ, nous nous sommes retrouvés face à une personne différente. En criant, elle a réagi en retour et a lancé une longue tirade de mots grossiers et d'accusations perverses, « Espèce de sale fornicateur, je sais tout sur vous ». En hurlant et en criant, la femme s'avança avec

Dieu peut utiliser n'importe quel moyen

détermination. Que se passait-il ? C'était l'heure de la ligne de prière, et le moyen utilisé par le Saint-Esprit pour séparer la lumière des ténèbres était l'Eau d'Onction. La dame fut merveilleusement délivrée de ce démon qui la tourmentait, elle et sa famille.

Les autres témoignages avec l'Eau d'Onction

Les témoignages de l'œuvre de Dieu à travers l'Eau d'Onction devinrent une caractéristique régulière des services en direct de la SCOAN sur Emmanuel TV. Un jeune homme des États-Unis (un pays qui souffre d'une surmortalité due aux opioïdes et à l'alcool) a décrit son histoire dans une reconstitution dramatique diffusée sur Emmanuel TV.

En tant que jeune homme confronté aux vicissitudes de la vie, à la perte d'emploi, à des souvenirs d'enfance malheureux, à la pauvreté et à des relations ratées, Chris a commencé à boire beaucoup et à prendre des surdoses de médicaments. Il s'est retrouvé aux urgences et a eu la chance d'être encore en vie. Puis ce fut un nouveau départ ; on lui présenta Emmanuel TV et il commença à suivre les enseignements bibliques et à se joindre à la Prière de Masse pendant les services en direct.

Que s'est-il passé ensuite ? Chris explique,

Participant à la Prière de Masse à distance

« J'ai rencontré une évangéliste de la SCOAN. Elle m'a donné une bouteille de la Nouvelle Eau du Matin de Prophète de T.B. Joshua. Quand je suis rentré chez moi, j'ai commencé à l'administrer et à l'appliquer sur moi-même tous les jours, en croyant que Dieu me guérirait et me délivrerait. Et j'ai eu cette guérison. Quelques mois plus tard, j'ai pu me débarrasser de tous les médicaments. Cela fait presque six ans maintenant que je prenais des médicaments. Aujourd'hui, je me sens libre et bien. J'étais déprimé et j'avais des pensées suicidaires. Aujourd'hui, je travaille avec toutes sortes d'enfants qui ont grandi dans des conditions difficiles, tout comme moi. Nous nourrissons les sans-abris, nous aidons les personnes âgées, et nous faisons toutes sortes de choses formidables. Je suis tellement reconnaissant que Dieu ait utilisé Prophète T.B. Joshua pour apporter l'Eau du Matin dans ma vie pour me guérir et me délivrer. Si Dieu peut le faire pour moi, Il peut le faire pour vous. ».[40]

Une « Nouvelle Eau d'Onction » est sortie en janvier 2021 pour parcourir le monde. Les partenaires d'Emmanuel TV dans le monde entier ont reçu cette Nouvelle Eau d'Onction comme un cadeau gratuit et l'ont administrée, souvent par le biais d'appels vidéo sur des téléphones, aux malades d'autres pays, en suivant l'exemple de la foi. Bientôt, les témoignages afflueraient et la foi d'un bon nombre de personnes serait renforcée – sans parler des nombreuses vies guéries, délivrées et bénies.

Encouragés par T.B. Joshua qui tenait la Nouvelle Eau d'Onction sur la Montagne de Prière, et regardant avec enthousiasme les témoignages vidéo qui affluaient de différents pays, certains partenaires d'Emmanuel TV ont mis leur foi à l'œuvre. Ils ont pulvérisé de l'eau sur l'écran du téléphone lors d'un appel avec une femme d'un autre pays russophone qui perdait rapidement du poids et de l'énergie. Chaque fois qu'elle mangeait de la nourriture normale, elle souffrait de graves réactions allergiques.

La séance de prière a été enregistrée, la réaction était donc visible pour tous. En manifestant et en tombant sur le sol, l'envie de « vomir quelque chose » était irrésistible.

Témoignage de guérison de Crimée

En se levant et en s'essuyant la bouche, Tatiana de Crimée savait que quelque chose s'était passé. Enhardie, elle a préparé un repas typique composé de légumes et de poisson, le premier depuis de nombreuses semaines, et, Dieu soit loué, elle n'a ressenti aucune réaction indésirable. Elle a continué à manger normalement et a repris plaisir à marcher.

---

40 Tel que diffusé sur Emmanuel TV en 2020. Confirmé par communication personnell

Les rencontres dédiées aux « fruits des entrailles »

Au cours de l'une de nos longues périodes de vie à la SCOAN, il y a eu deux grandes réunions dédiées aux « fruits des entrailles ». Le 5 décembre 2008, l'auditorium était rempli de couples potentiellement en attente d'un enfant et de couples déjà « enceints » qui étaient venus prier pour un accouchement sans problème.

Un couple plein d'espoir, M. Pieter et son épouse, originaires d'Afrique du Sud et souffrant d'une infertilité de longue durée, se trouvait parmi les visiteurs internationaux. Ils ont reçu la prière, mais avant de repartir, T.B. Joshua se dirigea d'abord vers le récipient ornemental situé devant l'autel. Celui-ci contenait des fruits frais, placés là avant chaque jour de culte. Prenant quelques-uns de ces « fruits oints », il le donna au couple pour encourager leur foi.

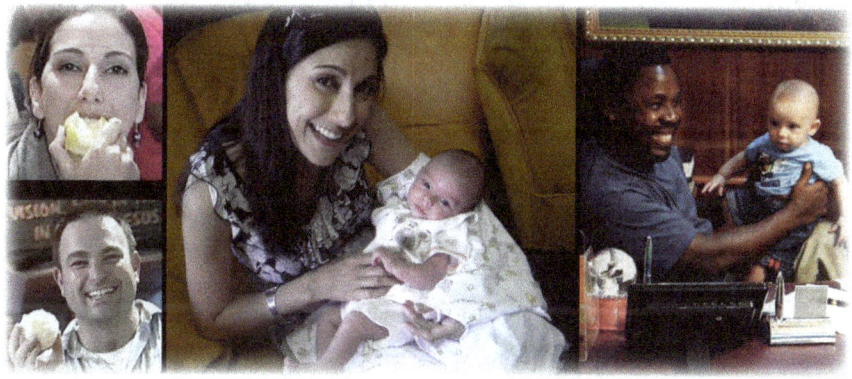

Témoignage suite au service Fruit des entrailles de 2008 à la SCOAN

De retour dans leur pays d'origine, ils ont conçu naturellement et ont été ravis d'annoncer leur grossesse. Tout s'est bien passé et ils ont accueilli leur magnifique petit garçon avant la fin de l'année 2009. En 2010, ils sont rendus sur place pour montrer leur bébé à tous, accompagnés d'autres membres de la famille. Lors de sa première visite à la SCOAN, le petit pouvait a été vu en train d'observer avec satisfaction le service du dimanche tandis que ses parents rendaient publiquement gloire à Dieu pour cette glorieuse réponse à la prière.

La rencontre « Fruits des entrailles » de 2009 a débuté par un temps consacré à l'écoute des témoignages de l'année précédente pour voir des bébés miracles dans les bras de leur mère. Cette rencontre a également été marquée par le fait que T.B. Joshua portait une grande écharpe (un manteau). Il a passé le manteau d'une personne à l'autre ; certains ont réagi étrangement et sont même tombés au sol ; beaucoup sont revenus dans les mois suivants avec leurs témoignages de prières exaucées suite à cette rencontre. En effet, nous avons vu que Dieu pouvait utiliser n'importe quel moyen.

Les objets oints dans la Bible

Après une prière sincère et un véritable désir que l'onction sur sa vie atteigne plus de personnes, T.B. Joshua a utilisé différents « objets oints » pendant plus de 25 ans.

Ce n'est pas l'objet qui est important mais l'onction. Notre expérience de l'utilisation de ces objets oints au fil des années nous a appris à comprendre que « La prière fervente du juste a une grande efficacité. » (Jacques 5 : 16), plutôt que de pointer du doigt une nouvelle théologie. La puissance de Dieu que nous avons expérimentée, par exemple, dans la prière avec l'Eau d'Onction à l'autre bout du monde, en provenance du Nigéria, nous a montré à maintes reprises qu'elle n'était pas différente des mouchoirs envoyés par l'apôtre Paul (Actes 19 : 11).

Dieu peut utiliser n'importe quel moyen :

- Dans Actes 19 : 11-12, Dieu a utilisé le mouchoir et les tabliers de Paul pour guérir les malades.
- Dans Exode 14 : 16, Dieu a utilisé le bâton de Moïse pour diviser la mer Rouge.
- Dans Actes 3 : 6, Dieu a utilisé la voix de ses serviteurs, Pierre et Jean, pour lever un homme infirme.
- Dans 2 Rois 5 : 14, Dieu a utilisé une rivière sale pour guérir Namaan.
- Dans Actes 2 : 1-2, Dieu s'est exprimé par le biais du son au moment de la Pentecôte.
- Dans 1 Samuel 17 : 49, Dieu a utilisé la fronde de David pour

Dieu peut utiliser n'importe quel moyen

vaincre le géant Goliath.

- Dans Jean 9 : 6-7, Jésus a utilisé de la boue et de la salive pour guérir un aveugle.
- Dans Actes 5 : 15-16, Dieu a utilisé l'ombre de Pierre pour guérir les malades.

Avant l'introduction de l'Eau d'Onction, le ministère utilisait déjà, par exemple, du sable, des robinets d'eau, de l'huile parfumée, des mouchoirs oints, des porte-clés avec des écritures saintes, des autocollants, des notes de sermon et la zone de l'autel dans le sanctuaire de l'église comme « points de contact » pour aider la foi des gens.

L'un d'entre eux, des porte-clés sur lesquels étaient écrits des passages bibliques, a permis à Fiona de recevoir un témoignage puissant.

Le porte-clés se trouvait dans la petite voiture que je conduisais lorsqu'elle a été heurtée par un énorme camion le 31 janvier 2003, la veille de mon départ où je devais emmener un petit groupe visiter la SCOAN. Je me souviens seulement que la voiture s'est envolée dans les airs, elle s'est retournée trois fois et a été déposée presque délicatement sur la voie extérieure d'une autoroute très fréquentée. Les services d'urgence ont dû m'extraire en coupant la voiture, mais je n'ai pas été blessé (à l'exception de quelques bleus), et personne d'autre ne l'a été.

Il y a eu un flux fréquent de témoignages similaires de la protection de Dieu contre les accidents de voiture avec l'Eau d'Onction en particulier.

Une des premières vidéos montrées régulièrement aux visiteurs de la SCOAN montrait une situation dans laquelle l'une des notes de sermon hebdomadaire de l'église servait d'objet oint. Une mère et son nouveau-né, apparemment sans vie, est arrivée à la SCOAN en taxi. Lorsque la note de sermon a été placée sur le corps du petit, on pouvait voir la lueur de la chair vivante et chaude apparaître au fur et à mesure que le bébé prenait vie.

Puis, par la suite, il y a eu d'autres « points de contact » : des robinets pour distribuer de « l'Eau vive » sur l'autel de l'église, des bracelets de foi, la « Carte des croyants », toucher l'écran lors de la retransmission en direct de la Prière de Masse lors des services du dimanche et sur les clips vidéo en ligne, ainsi que la traditionnelle « imposition des mains » de T.B. Joshua et d'autres ministres de Dieu en formation à la SCOAN. Plus récemment, une prière interactive « à distance » depuis les studios d'Emmanuel TV a suivi.

Toutes ces choses ont-elles été controversées ? Bien sûr, mais cela avait tendance à se produire lorsque trop d'attention était accordée à l'objet oint. Comme l'indique le livret remis aux visiteurs pour accompagner l'Eau d'Onction / Eau du Matin,

> L'eau de l'onction n'est qu'un symbole, pas la puissance elle-même. Ce n'est pas l'eau qui guérit, délivre, bénit et sauve, mais Dieu Tout-Puissant Lui-même, puisque l'onction est faite en Son nom.
>
> Avant d'administrer l'Eau d'Onction, il faut que la personne qui prie et celle pour qui l'on prie aient la foi.

L'évangéliste néo-zélandais Bill Subritzky a été l'un des premiers visiteurs étrangers du SCOAN. Il y a emmené un groupe de responsables pour qu'ils voient la puissance de Dieu et prennent une décision en toute indépendance d'esprit. À cette époque, il y avait un culte mensuel connu sous le nom « Sang de Jésus », au cours duquel Prophète T.B. Joshua priait, puis oignait des robinets d'eau et l'eau qui en sortait, et les gens venaient toucher ou boire l'eau en croyant à un miracle.

En réponse à diverses critiques théologiques qu'il avait reçues à propos de ce phénomène, il a écrit :

> « La preuve de leur croyance se trouve dans leurs délivrances immédiates du pouvoir démoniaque. Cette croyance en la puissance du sang de Jésus est semblable à celle exercée par ceux sur qui des tabliers furent posés après avoir touché le corps de Paul. Grâce à la puissance du sang, les démons ont quitté les gens et ils ont été guéris. Il ressort clairement des Écritures que Dieu, dans Sa grâce et Sa miséricorde, peut utiliser des objets inanimés tels que des linges de prière et de l'eau pour la délivrance et la guérison. Nous en voyons la preuve dans le fait que Jésus a touché le cercueil et que le fils de la veuve a été ressuscité des morts. Nous le voyons dans la puissance de Son vêtement et dans la puissance des eaux de Béthesda. Il y avait de la puissance dans l'argile que Jésus a mis sur l'œil de l'aveugle et il y avait de la puissance dans Sa salive lorsqu'Il le plaça sur l'œil de l'aveu-

Dieu peut utiliser n'importe quel moyen

gle. Il y avait de la puissance dans les eaux du Jourdain lorsque Naaman fut guéri. De même, il y avait de la puissance dans les os d'Élisée décédé lorsque le mort qui les touchait fut ramené à la vie. Il y avait de la puissance dans le manteau d'Élie et il y avait de la puissance dans les cheveux de Samson. Il y avait aussi de la puissance dans le bâton de Moïse lorsqu'il fut transformé en serpent. Il y avait de la puissance dans le bâton d'Aaron lorsqu'il toucha la poussière et qu'elle se transforma en poux. ».[41]

Nous avons vu qu'en effet l'utilisation d'objets oints, et particulièrement de l'Eau d'Onction, a permis à l'onction de Dieu sur la vie de T.B. Joshua d'atteindre beaucoup plus de personnes et de lieux qu'il n'aurait été possible autrement. Cela a également donné à ceux qui administraient l'eau pour la guérison et la délivrance une certaine expérience de « travail avec le Saint-Esprit » pour potentiellement les aider à grandir pour recevoir et maintenir plus d'onction eux-mêmes.

Le sceau de signature d'A. A. Allen

Au cours de nos voyages itinérants et de nos rencontres en Amérique, nous avons eu le privilège de rencontrer un grand-père de foi, un évangéliste de la guérison âgé, C. S. Upthegrove, dont le ministère a duré plus de 55 ans. Il avait travaillé en collaboration avec de nombreux évangélistes de la guérison de renom dans l'Amérique des années 1950, en particulier A. A. Allen avec son église à Miracle Valley. Introduit dans le ministère par sa fille, il commença à regarder Emmanuel TV. Étonné de ce qu'il voyait, il a ensuite accepté une invitation de T.B. Joshua de faire le long voyage en Afrique (un continent qu'il n'avait jamais visité) pour visiter la SCOAN.

Au cours de cette visite, cette « légende vivante » a eu deux occasions notables d'enseigner, à partir de sa longue expérience et de sa sagesse, l'œuvre de Dieu dans sa vie. C. S. Upthegrove parlera d'un « Général de Dieu » du passé, A. A. Allen, qui recevait tant de demandes de prière et voulait y répondre personnellement, avait donc fait un tampon de signature personnel. Il expliqua ensuite à tous ceux qui étaient dans

---

41 *TB Joshua Miracles* [Le Miracles de T.B. Joshua], site Web de Dove Ministries

l'église et regardaient Emmanuel TV :

> Lorsqu'on me l'a présenté, j'ai dit : « L'Esprit du Seigneur est toujours gravé sur ce sceau ». Dieu peut utiliser n'importe quoi, je vous l'ai dit : il peut utiliser des bâtons et des pierres, des os de morts ; il utilise de l'eau. Il utilise des ombres, et il a utilisé ce sceau entre les mains de A. A. Allen. Et quand on me l'a transmis, je l'ai chéri et je l'ai gardé. Mes enfants ont dit : « Donne-nous le sceau, papa. ». J'ai répondu : « Non, ce n'est pas pour l'héritage des enfants. Ceci doit être transmis à un autre prophète de Dieu. ».[42]

Les années ont passé. Pourtant, le cachet de la signature est resté en sa possession jusqu'à ce moment où C. S. Upthegrove l'a transmis avec révérence au Prophète T.B. Joshua lors du service en direct du dimanche de Pâques, le 8 avril 2012.

Il a décrit comment A. A. Allen lui avait prophétisé avant sa mort :

C.S. Upthegrove présente le sceau de la signature des A. A. Allen à T.B. Joshua

> Un jour, j'étais en voiture avec A. A. Allen, et il m'a regardé et m'a dit : « Frère Upthegrove, je ne serai peut-être plus en vie quand cela arrivera, mais je crois que vous le serez ». Et il commença à décrire cet endroit. Il commença à parler d'un homme qui sortirait sous l'onction et la puissance du Dieu Tout-Puissant. Il a ensuite décrit tous les miracles dont j'ai été témoin depuis mon arrivée ici.[43]

En effet, prêchant de manière dynamique, on pouvait voir sa force augmenter visiblement à mesure qu'il encourageait toutes les personnes présentes à vivre au-delà de la peur, du doute, de la condamnation et de l'incrédulité. Plus tard, dans une interview complète avec une équipe d'évangélistes, il fera un récit captivant de toutes ses expériences dans l'œuvre du Seigneur et exprimera une fois de plus sa joie d'avoir rencontré T.B. Joshua de son vivant.

---

42 *Le général de Dieu C. S. Upthegrove rend visite au Prophète T.B. Joshua à la SCOAN.* Chaîne YouTube C. S. Upthegrove, 11 septembre 2013
43 Ibid.

Dieu peut utiliser n'importe quel moyen

La source d'énergie

Cette puissance de Dieu ne doit pas être exercée à volonté ; c'est sous l'instruction du Saint-Esprit, la troisième personne de la Trinité. Dieu utilise des personnes « appropriées » qui sont disponibles pour lui à Sa manière, et non à notre manière.

Il y a un mystère dans la façon dont le Saint-Esprit agit. Cependant, il existe des preuves d'une relation « plus profonde » avec Dieu, dans la mesure où T.B. Joshua a passé une grande partie de sa vie dans la prière pour maintenir l'onction qu'il a reçue de Dieu, entouré par la nature à la Montagne de Prière. Il disait souvent : « Je me donne à la prière » (Psaume 109 : 4).

L'eau et les autres objets oints étaient conservés près de l'autel avec les guerriers de prière de Montagne de Prière, baignés et saturés de prière.

De nombreuses personnes venaient à la SCOAN en quête de puissance ou d'onction pour leurs ministères. Ils recevaient en effet une onction, mais le maintien d'une onction exige plus d'engagement, de dévotion et de dévouement. Comme Prophète T.B. Joshua a expliqué à un groupe de pasteurs étrangers en visite en 2000 :

> « Tout le monde peut recevoir le Saint-Esprit, mais Dieu s'intéresse à votre avenir. L'enjeu, c'est le maintien. Il vaut mieux ne pas recevoir le Saint-Esprit plutôt que de le recevoir et de le perdre ensuite. Avez-vous préparé chaque domaine de votre vie pour le Saint-Esprit ?
>
> Pour conserver l'onction, contractez une alliance avec Dieu pour être humble, obéissant et fidèle à la lettre pour toujours. C'est entre vous et Dieu. Nous devons être plus engagés envers Dieu ; nous devons être plus sérieux. ».[44]

Il a également expliqué que nous devons être ancrés dans la Parole de Dieu, la Bible, avant de recevoir l'onction du Saint-Esprit,

> « Je rencontre beaucoup de gens qui expriment le désir d'être rempli de l'Esprit ; j'applaudis ce désir, mais il y a un problème. Le problème majeur est qu'il faut être ancré dans la Parole avant

---

44 *The Holy Sprit* [Le Saint-Esprit], Divine Conférence 4, cassette VHS, SCOAN, 2000

> d'être rempli de l'Esprit, sinon il n'y aura rien que l'Esprit puisse vous rappeler – vous serez vide. ».[45]

> « Si vous voulez vivre dans l'Esprit, restez dans la Parole, demeurez dans la Parole ; devenez totalement saturé des Écritures, et vous vous retrouverez débordant de l'Esprit. ».[46]

Il y a de la puissance dans le nom de Jésus ! Ce nom peut faire reculer et fuir les forces démoniaques, mais seulement lorsqu'il est exercé de la bonne manière.

> « Le nom de Jésus-Christ a certes de la puissance, mais seulement parmi ceux qui sont engagés pour la gloire de Dieu. ».

La prière et le recours trop rapide à « l'imposition des mains » peuvent devenir une mission dangereuse, comme l'illustre clairement ce passage de la Bible :

> *« Quelques exorcistes juifs ambulants essayèrent d'invoquer sur ceux qui avaient des esprits malins le nom du Seigneur Jésus, en disant : Je vous conjure par Jésus que Paul prêche ! Ceux qui faisaient cela étaient sept fils de Scéva, Juif, l'un des principaux sacrificateurs. L'esprit malin leur répondit : Je connais Jésus, et je sais qui est Paul ; mais vous, qui êtes-vous ? Et l'homme dans lequel était l'esprit malin s'élança sur eux, se rendit maître de tous deux, et les maltraita de telle sorte qu'ils s'enfuirent de cette maison nus et blessés. Cela fut connu de tous les Juifs et de tous les Grecs qui demeuraient à Éphèse, et la crainte s'empara d'eux tous, et le nom du Seigneur Jésus était glorifié. »* (Actes 19 : 11-17).

T.B. Joshua explique que les sept fils de Scéva sont pour nous des exemples de ceux qui prétendent avoir une affinité ou une proximité avec Christ selon la chair, tout en restant inchangés dans leur cœur et leur vie. Les choses peuvent bien se passer jusqu'à un certain point, mais un jour vient la « farouche opposition » ; « Je connais Jésus, et je sais qui est Paul ; mais vous, qui êtes-vous ? ce qui signifie « Par quelle autorité ? Quelle autorité avez-vous pour nous commander ? Qui vous

---

45 *Power from Above* [Le pouvoir d'en haut], les notes de Sermon (MPG) de la SCOAN basées sur le sermon du dimanche, 3 avril 2016
46 *How to be filled with the Holy Spirit* [Comment être rempli du Saint-Esprit], T.B. Joshua, 9 septembre 2018, service du dimanche

a donné une telle autorité ? De quel droit déclarez-vous l'autorité de Jésus, puisque vous désobéissez à Ses instructions ?

Nous apprenons ainsi que le nom de Jésus n'a véritablement d'autorité sur nos lèvres que lorsqu'il est également implanté dans notre cœur.

Comprendre ces réalités nous a amené à modifier notre conception de la théologie chrétienne en nous éloignant du point de vue du « charismatique moderne ». Par exemple, nous avons vu qu'il ne faut pas séparer les fruits et les dons du Saint-Esprit. L'illustration populaire selon laquelle les dons du Saint-Esprit sont comme des cadeaux accrochés à un arbre de Noël et les fruits comme des fruits poussant sur un arbre fruitier n'est d'aucune utilité. Au contraire, ce sont plutôt les fruits qui comptent. Un don surnaturel peut avoir la même apparence extérieurement, mais s'il est accompagné des fruits de la chair, il vient de satan, et s'il est accompagné des fruits du Saint-Esprit, il vient du Saint-Esprit.

L'EXEMPLE DE L'APÔTRE PAUL

« Le livre des Actes n'est pas une simple histoire ; c'est le modèle de ce que Christ veut que Son Église soit aujourd'hui. »

Dans le livre des Actes, on nous raconte en détail l'histoire d'un apôtre controversé. Il ne s'agit pas du Saint Paul des célèbres basiliques de Rome, ni des belles peintures religieuses des musées d'Europe occidentale, des jours de fête et même du célèbre traité sur l'amour dans le livre de 1 Corinthiens lus lors de tant de mariages. Il s'agit du Paul « brut », qui a expliqué que *« Les preuves de mon apostolat ont été accomplis au milieu de vous par une patience à toute épreuve, par des signes, des prodiges et des miracles. »* (2 Corinthiens 12 : 12). Il n'avait pas de méga-église et beaucoup de gens s'opposaient à son ministère. À la fin de sa vie, ce disciple de Jésus, qui se décrit comme un homme né « hors du temps », était encore un personnage controversé, souvent abandonné et critiqué par les croyants. Dans 2 Timothée 1 : 15, Paul dit : « *Tu sais que tous ceux qui sont en Asie m'ont abandonné.* ».

De fausses accusations ont été lancées contre Paul, notamment une accusation spécifique selon laquelle il aurait amené des Grecs (des païens) dans le temple et l'aurait souillé. Les croyants juifs de Jérusalem ont encouragé Paul à accomplir certains aspects traditionnels de la religion juive, qui étaient censés dissiper toute rumeur contre lui en étant cérémonieusement pur dans le temple. Pourtant, malgré cela, de fausses accusations ont circulé selon lesquelles il avait profané le temple en y faisant entrer un croyant grec païen. Cette fausse accusation est évoquée à plusieurs reprises. Dans Actes 24, Paul est traîné par les autorités devant un dirigeant appelé Félix. Face à des allégations et à la peine de mort, il remarque calmement, faisant référence à Jésus-Christ :

« *Je t'avoue bien que je sers le Dieu de mes pères selon la voie qu'ils appellent une secte* » (verset 14).

Les versets 5 et 6 nous donnent un exemple de la manière dont de fausses accusations ont été portées contre lui :

« *Nous avons trouvé cet homme, qui est une peste, qui excite des divisions parmi tous les Juifs du monde, qui est chef de la secte des Nazaréens, et qui même a tenté de profaner le temple. Et nous l'avons arrêté.* ».

L'apôtre Paul a su dès le début de sa révélation de Jésus-Christ qu'il souffrirait pour Lui. Emprisonné à Rome, c'était un condamné, attendant le martyre qui ne manquerait pas de venir. Le livre des Actes nous apprend que Paul s'est efforcé d'utiliser les Écritures de l'époque (ce que les Chrétiens appellent aujourd'hui l'Ancien Testament) pour persuader les Juifs de Rome qui lui rendaient visite d'écouter sa défense. Lorsqu'il arriva en résidence surveillée à Rome, où il devait passer les dernières années de sa vie sous le coup d'une condamnation à mort, les Juifs vinrent l'entendre car, comme il est dit dans Actes 28 : 22,

« *... nous savons que cette secte rencontre partout de l'opposition.* ».

Ce croyant controversé qui a eu une rencontre radicale avec Jésus-Christ sur la route de Damas, comme nous le savons, a finalement été décapité sous la persécution chrétienne à Rome.

Ce n'était pas la fin de l'histoire. L'apôtre Paul avait écrit les célèbres lettres qui font désormais partie du Canon des Écritures. Quatorze des vingt-sept livres du Nouveau Testament sont traditionnellement attribués à Paul. Aujourd'hui, ces épîtres (lettres) continuent d'être des

Dieu peut utiliser n'importe quel moyen

racines vitales de la théologie, du culte et de la vie pastorale dans toutes les traditions chrétiennes.

Cependant, ce n'est que trois siècles après la mort de Paul, lors du Synode d'Hippone en 393 après Jésus-Christ, que l'onction sur l'enseignement de l'apôtre Paul fut formellement reconnue en incluant ces épîtres dans le Canon des Écritures. Il est facile pour nous, aujourd'hui, de comprendre la signification des écrits de Paul, mais ce n'était pas si évident à l'époque.

Actes 19 : 11-12 nous dit que :

« Et Dieu faisait des miracles extraordinaires par les mains de Paul, au point qu'on appliquait sur les malades des linges ou des mouchoirs qui avaient touché son corps, et les maladies les quittaient, et les esprits malins sortaient. ».

Ainsi, outre la controverse et la persécution, la manière dont Dieu a utilisé les objets oints que l'Apôtre avait touchés est une similitude que nous pouvons voir entre son ministère et celui du Prophète T.B. Joshua.

L'apôtre Paul avait reçu des instructions du Saint-Esprit différentes de celles des apôtres de Jérusalem, ce qui, nous dit la Bible, a provoqué des conflits et des malentendus. Le message de l'Évangile devait être adressé aux païens, mais à l'époque, de nombreux adeptes de « La Voie » se concentraient uniquement sur les croyants juifs.

Alors que nous parcourons les coulisses du temps, nous sommes reconnaissants que l'apôtre Paul ait choisi de ne pas se laisser définir par sa culture et son éducation, mais qu'il ait obéi à la Sainte Commission.

T.B. Joshua a dit :

> « Ce que les gens ne comprennent pas, ils le méprisent ; ce qu'ils comprennent, ils le détruisent. Je prie pour que les gens ne vous comprennent pas. »

La Bible et le Saint-Esprit

Il est essentiel d'avoir une compréhension spirituelle de la Bible. Elle ne ressemble à aucun autre livre. T.B. Joshua a expliqué que n'importe qui peut entrer dans une librairie avec un peu d'argent et acheter une

Bible, mais le caractère sacré contenu dans la Bible n'est pas à vendre. Et la Bible ne doit pas être appréhendée de la même manière qu'un manuel de chimie ou d'histoire. Il faut entreprendre la lecture de la Parole de Dieu avec un cœur humble et sincère.

Ce chapitre se termine par le sermon suivant, qui explique plus en détail la relation vitale entre la Bible et le Saint-Esprit.

LISEZ LA BIBLE, LISEZ LE SAINT-ESPRIT

T.B. Joshua, Service du dimanche de la SCOAN, 1er juillet 2018

2 Pierre 1 : 20-21 – « Sachant tout d'abord vous-mêmes qu'aucune prophétie de l'Écriture ne peut être un objet d'interprétation particulière, car ce n'est pas par une volonté d'homme qu'une prophétie a été apportée, mais c'est poussé par le Saint Esprit que des hommes ont parlé de la part de Dieu. ».

En tant que Chrétiens, notre standard de vie est la Sainte Bible. Mais la façon dont nous abordons la Bible aujourd'hui montre clairement que nous ne connaissons pas la différence entre la Bible et les autres livres ; nous ne connaissons pas la différence entre la Bible et l'histoire, la chimie et la littérature. Nous croyons simplement que nous devons la lire comme n'importe quel autre livre.

Mais la Bible elle-même est la lettre inspirée par l'Esprit de Dieu. De même que le Seigneur a insufflé son Esprit dans certains hommes, de même il a insufflé son Esprit dans certains livres. Par conséquent, lorsque vous lisez la Bible, vous lisez le Saint-Esprit.

Des hommes saints étaient portés par l'Esprit de Dieu alors qu'ils annonçaient le message qui venait de Dieu. Si vous devez lire la Bible, vous devez vous laisser porter par le Saint-Esprit. Lorsque nous prions et lisons sans prêter attention au Saint-Esprit, nous ne le plaçons pas à sa juste place, sachant à quel point il est important pour nous. Lorsque vous lisez sans l'attention du Saint-Esprit, cela n'aura aucune signification pour vous parce que vous lisez l'histoire, les événements, ce qui s'est passé à

Dieu peut utiliser n'importe quel moyen

Jérusalem, ce qui est arrivé à Jérémie, ce qui est arrivé à Jésus-Christ.

Le Saint-Esprit est l'être le plus sensible qui soit et Il est facilement blessé par le manque d'attention et de considération. Dieu est Esprit et Ses adorateurs doivent L'adorer en esprit et en vérité. Avant de lire la Bible, nous devons rechercher l'attention du Saint-Esprit car la Bible est l'outil entre les mains du Saint-Esprit.

Dieu nous parle à travers Sa Parole, par Son Esprit. Il vous appelle à travers Sa Parole, par Son Esprit. Il vous chuchote à travers Sa Parole, par Son Esprit. Il vous salue à travers Sa Parole, par Son Esprit.

Romains 9 : 1 – « *Je dis la vérité en Christ, je ne mens point, ma conscience m'en rend témoignage par le Saint Esprit.* ».

Cela signifie que le Saint-Esprit est un communicateur et que notre cœur est le point de contact. Le Saint-Esprit ne peut pas communiquer avec un cœur plein d'amertume, de rancune, de haine ou de mauvais sentiments envers les autres. Vous pouvez lire la Bible 100 fois, mais tant que vous avez de la rancune envers quelqu'un, la Bible n'a aucun sens pour vous. Nous sommes très bons pour lire la Bible, mais Dieu ne récompense pas nécessairement les gens bons, les gens intelligents, les gens futés ou les gens riches ; Il récompense les personnes obéissantes, celles qui font de la Parole de Dieu la norme de leur vie.

Pouvez-vous voir d'où viennent vos défis et vos problèmes, pourquoi vous ne pouvez pas inviter le Saint-Esprit dans votre cœur ? Sans la Bible, comment allez-vous approcher Dieu, avoir accès à Dieu ou parler à Dieu ? Sans la Bible, il n'y a pas de christianisme, pas d'enfant de Dieu, pas de croyant, pas de nouvelle naissance. La Bible est notre norme.

Posez-vous la question suivante : « Pourquoi la Bible n'est-elle pas vivante pour certains d'entre nous aujourd'hui ? La Bible ne peut plus être vivante à cause de notre manque de pardon, de l'amertume, de l'envie, de la jalousie et des mauvais sentiments envers les autres. Devenir vivant signifie comprendre et savoir ce que cela signifie de lire pour le salut, la guérison, la délivrance et toutes les bénédictions de Dieu.

Comment la Bible peut-elle devenir réelle pour nous ? Lisez la Bible aussi souvent que possible ; méditez-l jusqu'à ce qu'elle devienne une réalité pour vous ; lisez-la lentement, à plusieurs reprises et attentivement ; ce n'est pas un livre comme les autres. Lorsque vous lisez la Bible, mettez de côté vos connaissances ; votre esprit doit agir sur la Parole pour faire partie de la Parole – car la Parole de Dieu rafraîchit notre esprit et l'Esprit de Dieu renouvelle nos forces. Même si notre raisonnement peut la rejeter, que notre cœur la désire ardemment. Jésus a besoin de votre cœur ; c'est le lieu de contact.

À tous les cœurs qui sont en esclavage (esclavage du manque de pardon, esclavage de l'envie, esclavage de la jalousie), libérez votre esprit pour Le suivre.

Faites ce que Christ vous demande dans Matthieu 5 : 23-24 :

« Si donc tu présentes ton offrande à l'autel, et que là tu te souviennes que ton frère a quelque chose contre toi, laisse là ton offrande devant l'autel, et va d'abord te réconcilier avec ton frère ; puis, viens présenter ton offrande. ».

Sans la liberté, la liberté de votre cœur, vous appelez un Dieu que vous ne connaissez pas, et votre lecture de la Bible n'a aucun sens.

Le Prophète à la montagne

« Ne le sais-tu pas ? Ne l'as-tu pas appris ? C'est le Dieu d'éternité, l'Éternel, Qui a créé les extrémités de la terre ; Il ne se fatigue point, il ne se lasse point ; On ne peut sonder son intelligence. Il donne de la force à celui qui est fatigué, Et il augmente la vigueur de celui qui tombe en défaillance. Les adolescents se fatiguent et se lassent, Et les jeunes hommes chancellent ; mais ceux qui se confient en l'Éternel renouvellent leur force. Ils prennent le vol comme les aigles ; Ils courent, et ne se lassent point, Ils marchent, et ne se fatiguent point. » (Ésaïe 40 : 28-31).

Prophète T.B. Joshua à la Montagne de Prière dans l'État d'Ondo

D'où vient la force de mener la course jusqu'au bout ? De l'attente du Seigneur. La vie est un marathon, pas un sprint.

Après un temps de prière à la Montagne de Prière dans l'État d'Ondo, près de son village, T.B. Joshua s'est adressé aux téléspectateurs d'Emmanuel TV depuis la montagne le 30 décembre 2020, évoquant l'importance de l'habitude et de rester proche de la nature,

> « Tout homme légitime a simplement de bonnes habitudes. L'habitude est un don de Dieu. Depuis le début de mon ministère, je suis resté proche de la nature. La nature améliore la spiritualité.
>
> Daniel priait trois fois par jour à genoux (Daniel 6 : 10).
>
> Le psalmiste priait sept fois par jour (Psaume 119 : 164).
>
> Les disciples de Jésus-Christ priaient le premier jour de chaque semaine (Actes 20 : 7).
>
> C'étaient leurs habitudes. ».

La Montagne de Prière

« Tu auras ta propre Montagne de Prière ». Une telle instruction est venue de la rencontre du Prophète T.B. Joshua avec Jésus pendant un jeûne de 40 jours en 1987 sur la montagne physique où il avait l'habitude de prier, près de sa ville natale dans l'État d'Ondo.

La jungle (« la brousse »), brute de déjections d'animaux, de toiles d'araignées, de caresse de chaleur humide, de feuilles immenses et de végétation verdoyante ; insectes et oiseaux, singes et toucans, pluies tropicales, orages, cabanes en bambou et simples pirogues. Cette terre vierge à la périphérie de la mégapole de Lagos allait abrite la première hutte de prière et humble demeure où l'homme de Dieu, vêtu d'une simple robe blanche, passerait des heures du jour et de la nuit en prière devant le Seigneur Dieu, qui lui avait donné un destin si profond. Les saints et les ermites d'autrefois recherchaient les endroits isolés, et c'était de là qu'ils exerçaient leur ministère.

C'est à partir de ce lieu proche de la nature, mais aussi proche des gens, que l'église a vu le jour en 1989. En 1994, elle a été transférée à son emplacement actuel, à un peu moins de trois kilomètres. T.B. Joshua se rendait sur « l'ancien site », aujourd'hui connu sous le nom de « Montagne de Prière », et en revenait, souvent plusieurs fois par jour. En effet, il portait bien son nom car il s'agissait bien d'une « montagne spirituelle ».

Il retournait dans la simplicité et la solitude de la Montagne de Prière pour être avec Dieu dans la nature, que ce soit après un service dans l'auditorium principal de l'église avec des milliers de visiteurs venant de 50 pays différents ou après un événement dans un stade dans d'autres pays.

Un homme de prière ; c'est ainsi que la nouvelle de T.B. Joshua et les miracles bibliques ont traversé les océans. « Il y a un frère chrétien à Lagos, au Nigéria ; qui vit simplement dans les marécages de la brousse. Le Saint-Esprit lui indique pour qui prier, et il les voit dans des visions. Ils l'appellent prophète parce qu'il prononce des paroles exactes venant de Dieu. ».

Les visiteurs internationaux de la SCOAN se rassemblaient pour monter dans le bus. Dès leur arrivée, ils demandaient : « Pouvons-nous aller à la Montagne de Prière ? ». Les réponses étaient énigmatiques : « En fonction des directives du Saint-Esprit », mais maintenant nous y allions, en tournant dans les rues grouillantes où les achats et les ventes étaient omniprésents. En traversant la passerelle en bois au-dessus du pont, nous arrivions au milieu de la jungle, de l'eau (récupérée des marécages) et de la première « Terre de miséricorde » avec du sable. Nous avons pris un petit bateau pour nous rendre à l'intérieur ; nous avons vu l'immensité de la vision extérieure et avons eu un aperçu de l'immensité de la vision spirituelle.

Fiona appréciant une visite à la Montagne de Prière en 2004

Profitant de l'opportunité d'aller à la Montagne de Prière, les visiteurs trouvaient une place sur le sable et demandaient la miséricorde et la faveur de Dieu. Ce n'était pas le moment de prononcer de grandes paroles et des cris, mais plutôt de laisser la Parole de Dieu pénétrer les cœurs et les esprits.

Dans ce lieu, en lisant la Bible à cœur ouvert, les versets jaillissaient des pages comme un feu, devenant une nourriture spirituelle à déguster et à nourrir, pour nous aider à retourner dans le monde du travail et des défis.

En se promenant tout autour des arbres du Jardin de Prière qui commençaient à pousser, toutes les pensées de manque de pardon s'envolaient. C'était une puissante cathédrale spirituelle où la prière de Notre Père prenait vie.

« Donne-nous aujourd'hui notre pain quotidien ; pardonne-nous nos offenses, comme nous aussi nous pardonnons à ceux qui nous ont offensés ; ne nous induis pas en tentation, mais délivre-nous du malin. » (Matthieu 6 : 11-13)

Les veillées de prière

Dès les premiers temps, les membres de l'église se réunissaient sur l'« ancien site » pour des veillées de prière. Parmi ces premiers membres d'église, il y aura les premiers guerriers de la prière, ceux qui mèneront une vie mise à part. Ils consacrèrent leur temps, non pas à faire du bruit et à dire des mots, mais à demander au Seigneur Dieu de l'Univers, Celui qui était, qui est et qui sera, de protéger et d'accomplir le destin de cet humble homme d'Arigidi, de l'État d'Ondo.

En effet, nous avons observé que même ceux qui nettoyaient les installations de la Montagne de Prière se consacraient eux-mêmes à la prière, à l'instar de la mère de T.B. Joshua, qui priait : « Nettoie ma vie, comme je nettoie Ta maison ». La Montagne de Prière n'est pas un endroit ordinaire.

Alors que les membres de l'église étaient invités et accueillis pour prier, la question était toujours de savoir comment prier ; quel genre de prière ne consiste pas simplement à « dire des mots » ? Ce n'était pas le genre de prière qui consistait à dresser une « liste de courses » que Dieu devait accomplir, ou qui s'inspirait de la situation immédiate et des besoins apparents, mais plutôt la prière visant à aligner nos cœurs avec la Parole de Dieu,

> *Prends-moi tel que je suis, ô Seigneur, Tu peux encore me purifier*
> *Parce que personne n'est trop bon ou trop mauvais pour avoir droit au salut*
> *Tout ce dont j'ai besoin c'est de Ta miséricorde et de Ta faveur*
> *Sale comme je le suis, ô Seigneur, Tu peux encore me purifier*
> *Ne me réconforte pas jusqu'à ce que Tu me purifies*
> *Que Ta miséricorde et Ta faveur parlent pour moi*
> *Crée en moi un cœur pur et renouvelle en moi un esprit fidèle*
>
> *Ô Saint-Esprit, respire en moi, afin que mes pensées soient toutes saintes*
> *Ô Esprit Saint, agis en moi, afin que mon travail aussi soit saint*
> *Ô Saint-Esprit, fortifie-moi pour défendre tout ce qui est saint*
> *Ô Saint-Esprit, guide-moi, afin que je sois toujours saint*
>
> [Chanson]
> *La prière est la clé ; la prière est la clé*
> *La prière est la clé principale.*
> *Jésus a commencé avec la prière et a terminé avec la prière.*
> *La prière est la clé principale.*

T.B. Joshua assistait aux veillées de prière et marchait parmi les membres, donnant souvent des prophéties personnelles mais aussi des prophéties de portée nationale ou internationale. Nous nous souvenons d'avoir assisté à une de ces veillées au cours de laquelle il a déclaré : « Notre nouveau président portera ce 'chapeau Bayelsa' », et il a pointé un homme portant un tel chapeau. Quelques mois plus tard, lorsque le président Goodluck Jonathan a été élu, il n'a jamais été vu sans son célèbre chapeau, confirmant ainsi la prophétie.

Au fur et à mesure que les grands événements évangéliques internationaux (campagnes d'évangélisation) se développaient, la localisation d'une « Montagne de Prière » dans différents pays faisait partie intégrante de la préparation. Par exemple, en Colombie, l'hébergement de T.B. Joshua se trouvait au sommet d'une montagne physique avec une route étroite, et là, avec la nature étalée devant lui et une simple cabane rustique pour dormir, l'homme de Dieu priait. L'organisateur local a fait spécifiquement référence à l'impact significatif que cela avait eu sur lui dans son discours d'ouverture à la Conférence des pasteurs. Jamais auparavant il n'avait rencontré un prédicateur international qui, à son arrivée, ne voulait pas être emmené dans un hôtel pour se reposer mais à une montagne pour prier.

APPELS DEPUIS LA MONTAGNE

Lorsque nous voyagions pour prier pour les gens avec l'Eau d'Onction, tous les appels que nous recevions de notre mentor étaient sacrés et généralement émis depuis la Montagne de Prière. Il s'agissait d'interactions sacrées, et non d'interactions professionnelles. Comme le savent tous ceux qui ont eu le privilège de recevoir un appel téléphonique de sa part, il ne s'agit pas de conversations « ordinaires ». Comme il l'a révélé lors d'un sermon, il écoute les instructions d'en haut en même temps qu'il dit : « Bonjour. Comment allez-vous ? ». L'homme de Dieu équilibre sa vie en acceptant la vie du Christ et en la donnant.

Un de ces appels qui a changé ma vie est arrivé vers 3 heures du matin. Cette nuit-là, après les premiers services avec l'Eau d'Onction à Kazan, en Russie, nous dormions dans des lits superposés dans un appartement d'une chambre avec une famille de quatre personnes. Au milieu de la nuit en Russie, le téléphone sonna : « C'est le Dr Gary ? Attendez, je vous passe l'homme de Dieu ». Le sourire dans la voix de notre mentor a parcouru les kilomètres allant de l'Afrique à la Russie jusque dans cette chambre et a planté le décor pour le reste de notre voyage. Il faisait référence aux témoignages que nous avions envoyés.

« J'ai vu ce qui se passe ; c'est merveilleux. Vous devriez aller de pays en pays et revenir de temps en temps pour collecter plus d'Eau d'Onction. ».

Là, dans la petite chambre, à côté des lits superposés, à 3 heures du matin, heure russe, nous nous sommes agenouillés sur le tapis usé pour remercier Dieu, et la présence du Saint-Esprit a rempli la chambre. C'était comme si nous étions à la Montagne de Prière en train d'écouter un enseignement biblique ou dans le bureau de l'église avec T.B. Joshua.

Quelques mois plus tard, nous sommes arrivés à Rostov-on-Don et avons découvert que le pasteur avait rassemblé plus de 500 personnes, incluant d'autres pasteurs, pour une conférence de guérison de quatre jours. Nous nous regardâmes, un peu décontenancés.

Cette nuit-là, nous avons réussi à joindre notre mentor au téléphone et lui avons simplement dit : « Monsieur, il y a beaucoup de gens ici et ils cherchent la guérison. ». La réponse fut instantanée,

« Jésus est avec vous ; ce sera comme si Jésus était là en train de prier. ».

Et c'est effectivement ce qui s'est passé. Il y a eu des témoignages de personnes qui laissaient tomber leurs cannes, qui pliaient les genoux sans douleur due à l'arthrite pour la première fois depuis des années, et bien d'autres encore.

Il y a quelque chose dans une parole prononcée du fond du cœur, affectée par l'Esprit de Dieu. Les mots ne transmettent pas seulement des informations, mais peuvent transmettre la foi et la vie. Dans l'un de ses sermons, T.B. Joshua explique les deux « langages » que nous pouvons utiliser :

> « Il y a le langage biblique, qui est le langage du cœur, que Dieu utilise pour nous sauver, nous créer, nous juger et nous gouverner. Il y a aussi le langage d'aujourd'hui, que nous utilisons pour bavarder, donner une direction et faire de la politique.
>
> Lorsque nous utilisons le langage d'aujourd'hui, nous ne pensons pas ce que nous disons. Mais lorsque nous utilisons le langage biblique, nous y pensons sincèrement.
>
> Les gens utilisent souvent le langage d'aujourd'hui pour prier, et c'est pourquoi tout ce qu'ils disent dans la prière ne semble pas être durable ; leur prière n'est que des mots.
>
> Mais quand la Parole est dans votre cœur, elle vous préservera du désir du péché. Nous avons besoin de la Parole de Dieu dans notre cœur pour que Jésus entre en scène. »[47]

---

[47] *Faith is of Man's Heart* [La foi vient du cœur de l'homme], T.B. Joshua, 16 septembre 2018, service du dimanche

Enseigner dans la hutte de prière

C'était en 2004. Nous nous sommes assis dans une petite cabane de prière ronde avec un toit en bambou à la Montagne de Prière, avec nos Bibles, et la porte s'est ouverte. À notre grande surprise, T.B. Joshua est venu et nous a rejoint. Assis par terre, dos au mur, il commença à parler de l'exemple de Daniel dans l'Ancien Testament. Il ne s'agissait pas d'une conversation ou d'une discussion d'affaires mais d'un temps d'enseignement personnel.

Une paillote de prière à la Montagne de Prière en 2004

Nous nous référions à nos notes griffonnées pendant qu'il nous parlait à plusieurs reprises. Ils se sont révélés prophétiques. En effet, comme il l'enseignera plus tard dans un sermon du dimanche, la prophétie ne consiste pas seulement à prédire l'avenir, mais aussi à prêcher et à enseigner la Parole de Dieu avec puissance (la puissance de changer les auditeurs).

> « Nous vivons une époque périlleuse, une époque difficile, comme l'époque de Daniel et de Shadrach, Méshac et Abed-Nego. Nous approchons la fin du monde, alors que tout ce que la Bible dit est en train de s'accomplir. Mais une période de crise est un moment de plaisir dans l'Esprit.
>
> Lorsque le décret fut publié, les détracteurs de Daniel allèrent voir sa réaction ; il priait toujours ouvertement et remerciait Dieu. Daniel ne s'est pas plaint avant d'entrer dans la fosse aux lions ; il n'a pas murmuré, ne s'est pas apitoyé sur lui-même et n'a pas pleuré. Il avait parfaitement raison de s'apitoyer sur son sort puisqu'il était captif et que son père et sa mère n'étaient pas là. Mais il savait qu'avant que l'or ne devienne de l'or, il devait passer par la fournaise.
>
> La même chose avec Paul et Silas : ils ont été sévèrement battus et n'ont rien fait de mal ; vous auriez pu vous attendre à vous apitoyer sur votre sort. Ils ont continué à prier Dieu et en sont

ressortis plus forts.

Pour les Chrétiens, Dieu a toujours eu une longueur d'avance. Après que les épreuves eurent prouvé leur conviction, ils devinrent des hommes d'État. Daniel dînait avec les rois. Sa relation avec Dieu a atteint un nouveau niveau.

Tout le monde a son propre moment difficile. Par exemple, pour Mr A, cela peut être la pauvreté, pour Mr B la maladie, pour Mr C la dépression et pour Mr D la persécution – différentes crises. Si c'est la volonté de Dieu que Mr A connaisse la pauvreté, il en sortira plus fort.

Comment savoir si c'est la volonté de Dieu ? Lorsque nous suivons Dieu dans la vérité et la foi, alors si quelque chose arrive, c'est la volonté de Dieu. Mais si nous péchons, ce n'est pas la volonté de Dieu.

Si vous avez peur ou si vous doutez dans l'épreuve, votre dieu deviendra le dieu de la peur ou le dieu du doute. Daniel savait que Dieu le sauverait ; par conséquent, il n'a pas murmuré. Ce que nous voulons que Dieu soit pour nous dans une épreuve, c'est ce qu'Il est pour nous. C'est ce que Dieu veut que nous sachions en ce moment.

Il y a de nombreuses batailles dans une guerre. Si vous remportez une bataille, cela ne signifie pas que vous remportez la victoire complète. Dans l'épreuve, Son nom est « Je suis celui que je suis » et « Celui qui est inébranlable et digne de confiance ». Dieu n'évite jamais une crise mais la considère comme un défi. Le roi vit le quatrième homme dans la fournaise, comme le Fils de Dieu.

Dieu est le Dieu du feu (Élie sur le Mont Carmel, les langues de feu à la Pentecôte, le buisson ardent, le Mont Sinaï). Sa Parole est comparée au feu. La meilleure façon de combattre le feu (le défi) est d'utiliser le feu (la Parole de Dieu ; la présence de Dieu).

Nous avons besoin d'un moment calme, d'un moment seul. Pas dans la maison, où nous menons la bataille mais trouvons une place dans la nature. Méditez et voyez le monde autrement, un lieu pour recevoir.

Quelle que soit la difficulté à laquelle nous sommes confrontés, elle nous amène à un autre niveau. Permettez à Dieu de faire son œuvre ; ne l'aidez pas en lui proposant une alternative. Si Daniel avait eu une alternative, ils n'auraient pas su qui était le vrai Dieu.

Il existe de nombreux dieux : l'infidélité, la méchanceté, le doute, la peur. Ce sont de mauvais anges qui travaillent contre Dieu. Ils savent que vous êtes à la Montagne de Prière et ils sont au travail. Ils partent à la recherche de gens pour leur royaume. Nous devons donc veiller et prier. Ils voient que les gens veulent être fidèles et cherchent une faille d'infidélité par laquelle entrer. Ils entrent par le doute et l'infidélité, etc.

Jésus a dit : « Laisses passer cette coupe », mais ensuite l'ange l'a corrigé et il a vu que cela devait être la volonté de Dieu, pas la Sienne ; les anges sont également prêts à nous aider.

Personne n'est au-dessus des erreurs ; repentez-vous immédiatement, alors il n'y aura aucune trace de tort. Il n'existe aucune trace de quiconque se rend compte immédiatement de ses erreurs. Comment le reconnaître immédiatement c'est au moyen de la prise de conscience à travers la Parole de Dieu. Votre vie dépend donc de la connaissance de la Bible. C'est un guide pour tout ce dont vous avez besoin. Faites de la Parole de Dieu la norme de votre vie.

La seule façon d'être efficace pour Dieu est de rester concentré. Vous devez tracer votre parcours seul. Le plan de Dieu pour chacun de nous se situe entre Dieu et cette personne. La justice est un don de Dieu. Tout le monde l'a ; il suffit d'en être conscient (comme un stylo dans votre poche). Tout ce que Dieu veut que vous soyez est en vous. S'en servir, c'est par la foi. Il n'y a rien de tel que l'échec et le doute dans Son Esprit, et nous sommes faits pour lui ressembler.

Face à des crises (qui font partie de la vie), regardez suffisamment profondément pour en voir la cause. Lorsque le décret fut publié, Daniel se rendit dans sa chambre haute pour prier. Il aurait prié pour que le décret soit modifié. Si cette prière avait été exaucée, il ne serait pas entré dans la fosse aux lions. Comparez la gloire à

Le Prophète à la montagne

Dieu entre la fosse aux lions et si cette prière avait été exaucée !

Si Dieu a l'intention de vous emmener là où vous n'avez jamais été et que vous priez pour aller là où vous avez été auparavant, vous ne pouvez pas changer le plan de Dieu. Daniel ne pouvait pas prier pour la fosse aux lions parce qu'il n'y a jamais été auparavant. Lorsque Daniel a été condamné, il est resté ferme et n'a pas changé sa croyance ou sa confiance même si sa prière n'avait pas été exaucée. Il vaut mieux ne pas être précis dans la prière.

Lorsque vous lisez sur les généraux de Dieu, ils ont prié pour que la volonté de Dieu soit faite et ils ont loué Dieu ; Paul et Sillas ont loué Dieu ; ils ne demandaient pas à Dieu d'enlever les chaînes. Aujourd'hui, quand nous demandons à Dieu beaucoup trop de choses précises, nous sommes déçus. Permettez au Saint-Esprit de faire les demandes ; Il est l'intercesseur. Jésus a prié pour que la volonté de Dieu soit faite au lieu de prier pour laisser passer la coupe.

L'expérience est le meilleur enseignant. Chaque ministre a sa propre habitude de s'approcher de Dieu. »

Un lieu saint

La Montagne de Prière est un lieu physique, mais le concept va au-delà ; il s'agit d'un cœur saint, un cœur pur. Il s'agit donc de bien plus qu'un site physique ; c'est un Lieu Saint.

L'autel dans l'auditorium de l'église est un autre lieu saint de la SCOAN. Autrefois, les membres de l'église se précipitaient pour y prier dès la fin du service. C'était l'époque de l'autel en forme de cercle.

Au moment où la SCOAN devenait un lieu de pèlerinage de plus en plus important, jour et nuit, il y avait des hommes et des femmes (dans des zones séparées)

Prophète T.B. Joshua prie à l'autel de la SCOAN en 2019

agenouillés avec révérence ou couchés face contre terre, avec leur Bible à leurs côtés, devant l'autel. Pourquoi ? Ils se préparaient pour le service du dimanche, préparant leur cœur à recevoir.

Suite au développement du nouvel autel, il y a eu les services de l'Eau Vive, où l'eau qui avait été ointe au nom de Jésus était acheminée vers les robinets situés dans la partie supérieure de l'autel. Avant de monter les escaliers pour récupérer cette eau, il fallait se prosterner dans la zone de l'autel principal. Les guérisons et les délivrances étaient nombreuses et variées.

La rumeur courait à l'extérieur de l'église et parmi les visiteurs : « Nous allons prier sur l'autel de la SCOAN ». Faisant patiemment la queue (s'étendant parfois à l'extérieur de l'église et sur la route très fréquentée), les gens attendaient leur tour.

Lors d'un service de l'« Eau Vive », organisé le lundi 3 février 2020, une jeune fille de 12 ans a eu une vision céleste alors qu'elle versait un peu d'eau sur ses yeux à l'autel de la SCOAN.

« Il y a un Homme là-bas ; il est élancé ! Il porte un vêtement blanc », s'est-elle exclamée. « Il a dit : « Repentez-vous ; Je viens bientôt. Amenez les gens à Mon église ; amenez plus d'âmes. ».

Pendant toute cette période, ses yeux sont restés fermés et elle a proclamé : « Son visage brille » et « la lumière est trop vive ».

Soudain, la jeune fille s'est effondrée sur le sol et parvint à « se réveiller » de sa transe. Perplexe face à l'attention qui l'entourait, elle a raconté avec émotion ce dont elle venait d'être témoin.

« Sur sa tête se trouvait une grande couronne et il était assis sur un trône », a-t-elle observé, ajoutant qu'elle avait vu de la fumée entourant la scène céleste.

Une fille expérimente une vision céleste sur l'autel de la SCOAN

La jeune fille a été choquée que personne d'autre n'ait vu ce qu'elle avait vu avec autant d'acuité.

« Les gens font fausse route ; nous

Le Prophète à la montagne

devrions les ramener à l'église », a-t-elle plaidé.

« Il n'y a aucune excuse pour être surpris par l'incertitude des événements à venir », a déclaré T.B. Joshua en publiant une vidéo de cette rencontre sur Internet plus tard dans la semaine : « L'incertitude de l'heure du retour du Christ appelle à la vigilance et à la précaution. N'attendons pas un autre signe du Ciel pour nous convaincre de l'importance primordiale de tirer le meilleur parti de notre vie d'aujourd'hui, car seul aujourd'hui nous appartient; demain ne nous appartient pas. »[48]

Cette vision rappelle quelque peu certains événements qui se sont produits plusieurs années plus tôt dans l'église St Mary d'Everton, à Bedfordshire, en Angleterre. John Wesley relate dans son journal une interview avec une jeune fille de 15 ans appelée Alice, qui était tombée dans une telle transe :

> « Je l'ai trouvée assise sur un tabouret et appuyée contre le mur, les yeux ouverts et fixés vers le haut. Je fis un mouvement comme si j'allais pour frapper, mais ils sont restés immobiles. Son visage montrait un mélange indicible de respect et d'amour, tandis que des larmes silencieuses coulaient le long de ses joues. Ses lèvres étaient légèrement entrouvertes et remuaient parfois, mais pas assez pour faire entendre le moindre bruit.
>
> Je ne sais pas si j'ai un jour vu un visage humain aussi beau ; parfois il était couvert d'un sourire, comme si la joie se mêlait à l'amour et à la révérence ; mais les larmes coulaient toujours, mais pas aussi vite. Son pouls était tout à fait régulier. Au bout d'une demi-heure environ, j'ai observé son visage se transformer en une forme de peur, de pitié et de détresse ; puis elle fondit en larmes et s'écria : « Cher Seigneur ; ils seront damnés ! Ils seront tous damnés ! Mais au bout de cinq minutes environ, ses sourires revinrent et seuls l'amour et la joie apparurent sur son visage. ».
>
> Environ six heures et demie plus tard, j'ai constaté que la détresse réapparaissait ; et peu de temps après, elle pleura amèrement et s'écria : « Cher Seigneur, ils iront en enfer ! Le monde ira en enfer ! » Peu après, elle dit : « Criez à haute voix !

---

48 *"Jesus Is Coming Soon!"* - *Little Girl's Shocking Vision* [« Jésus revient bientôt ! », la vision choquante d'une petite fille], publication Facebook du Ministère de T.B. Joshua, 06-02-2020

N'épargnez pas ! ». Et au bout de quelques instants, son regard s'est à nouveau reposé et a exprimé un mélange de révérence, de joie et d'amour. Puis elle dit à haute voix : « Rendez gloire à Dieu. ». Vers sept heures, ses sens revinrent. J'ai demandé : « Où étais-tu ? » – 'J'étais avec mon Sauveur'. « Au ciel ou sur terre ? » – 'Je ne peux pas dire ; mais j'étais dans la gloire'. « Pourquoi alors as-tu pleuré ? » – 'Non pas pour moi, mais pour le monde ; car j'ai vu qu'il était au bord de l'enfer.' « Qui voulais-tu voir glorifier Dieu ? » – 'Les ministres de Dieu qui réclament avec force le monde ; sans quoi ils s'enorgueilliront ; et alors Dieu les abandonnera, et ils perdront leurs propres âmes.' »[49]

Un prophète à notre époque

Nous étions en janvier 2002 et le service à la SCOAN touchait à sa fin. Prophète T.B. Joshua allait et venait le long d'un petit balcon surélevé à l'arrière de l'auditorium, l'endroit où il faisait habituellement les annonces des prochaines veillées de prière ou d'autres réunions. Mais cette fois-ci, l'atmosphère était particulièrement sombre, car, avec calme et sans émotion, il avertissait les gens qu'ils devaient rentrer directement chez eux. Il a spécifiquement mentionné le quartier d'Ikeja et a fait référence à une prophétie antérieure qui annonçait des explosions. En tant que visiteur assez récent, Gary eu du mal à interpréter ce qui se passait, mais les gens ont compris le message et se sont dispersés tranquillement et rapidement.

Puis, environ deux ou trois heures plus tard, nous avons entendu la détonation et avons vu un éclair de lumière au loin. Nous avons appris plus tard qu'il y avait eu une explosion massive dans une installation militaire dans la région d'Ikeja à Lagos, faisant de nombreux morts et blessés. Le lendemain matin, nous avons vu l'enceinte de l'église pleine de ceux qui avaient fui les zones proches de l'explosion et qui étaient venus se réfugier à l'église pendant la nuit. Les ouvriers de l'église les ont réconfortés et T.B. Joshua a fourni de la nourriture, des vêtements et un soutien financier.

C'était la preuve qu'il y avait effectivement un prophète parmi nous.

---

49 Wesley, J. (1827), *The Journal of the Rev. John Wesley* [Le Journal du révérend John Wesley], Volume 2. J. Kershaw. Entrée du 6 août 1759, p. 454.

Le Prophète à la montagne

Les élections présidentielles ghanéennes

« Maman Fiona, mes sœurs », j'ai entendu des pas haletants, puis la porte du bureau où moi et d'autres étions occupés à répondre à nos courriels s'est ouverte, « Il a gagné, il va être président et la prophétie s'est réalisée ! ».

Nous nous sommes levés en nous réjouissant : « Emmanuel, Dieu avec nous ! Dieu l'a fait. ».

Qu'est-ce qui s'est passé ? Une parole prophétique donnée par T.B. Joshua était en train de s'accomplir et un président d'une nation allait être inauguré.

Plus tard, le 11 janvier 2009, le président Atta Mills a assisté personnellement à un service du dimanche, quatre jours seulement après son investiture en tant que président du Ghana. À cette occasion, il a remercié publiquement Dieu pour le privilège d'occuper le poste qu'il a actuellement et a honoré T.B. Joshua en tant qu'ami, mentor et prophète de Dieu Tout-Puissant. Voici un extrait des propos qu'il a tenus ce jour-là :

Le président Atta Mills du Ghana à la SCOAN le 11 janvier 2009

> « Quand je lui ai dit [au prophète T.B. Joshua] que nos élections auraient lieu le 7 décembre et qu'il y avait une possibilité que les résultats soient annoncés le 8, le 9 ou le 10 décembre, il m'a regardé pendant un moment, a souri et a déclaré : « Je ne le vois pas de cette façon ; Je vois trois élections différentes devant vous… et les résultats seront annoncés en janvier. ». Je me suis demandé s'il y avait un second tour et le second tour a lieu habituellement le 28 décembre, comment il est possible que nous nous retrouvions en janvier si nous nous donnons deux jours pour que le commissaire électoral donne les résultats. Eh bien, j'ai gardé ces mots à l'esprit. Nous avons bien eu les élections du 7 décembre. Il y a eu un second tour le 28 décembre, puis une troisième élection dans une circonscription et les résultats ont été annoncés en janvier. »[50]

---

50 *Discours du président Atta Mills du Ghana.* Service du dimanche de la SCOAN, 11 janvier 2009

Plus tard cette année-là, nous avons rejoint T.B. Joshua lors d'une visite au Ghana, où nous avons rencontré personnellement le président Atta Mills et entendu de sa propre bouche son témoignage sur la signification de cette prophétie et sur les encouragements et les conseils qu'il avait reçus du prophète.

Une « grande célébrité »

Le dimanche 4 janvier 2009, Prophète T.B. Joshua a révélé un message prophétique concernant une grande vedette qui entreprendrait un voyage sans retour,

> « Je vois une grande célébrité à propos de laquelle le monde crie : 'Hé, hé, hé !' Dans sa propre zone d'influence, il est célèbre, il est connu partout. Grand, trop grand ! Parce que je vois que quelque chose va commencer à arriver à cette célébrité, qui pourrait probablement la pousser à faire ses valises et à partir pour le voyage sans retour. Mais Je ne sais pas quand aura lieu ce voyage. ».

Une autre fois, le 12 juin 2009, l'avertissement prophétique a été donné plus directement. L'homme de Dieu avait dit que Michael Jackson devait venir à la SCOAN pour être délivré. Il savait que tout n'allait pas bien et a spécifiquement transmis ce message via Tee-Mac, un célèbre musicien local qui était un ami de la famille Jackson.[51]

Puis, le jeudi 25 juin 2009, Michael Jackson, icône internationale de la musique et pop star la plus célèbre des temps modernes, est décédé subitement des suites d'un arrêt cardiaque à Los Angeles, en Californie. Nous avons été stupéfaits d'apprendre la nouvelle alors que la nouvelle du décès était diffusée à plusieurs reprises sur toutes les grandes chaînes de télévision. Ce musicien doué avait franchi les frontières pour séduire toutes les races, les couleurs et les croyances. Émus, nous avons regardé les images et sommes restés perplexes !

Le dimanche suivant, Tee-Mac expliqua publiquement lors du service de la SCOAN sa douleur en apprenant le décès et comment il aurait

---
51 *Death In The House: Michael Jackson's Brother Runs to TB Joshua* [Mort dans la maison : le frère de Michael Jackson court vers T.B. Joshua], The Nigerian Voice, 2 août 2009.

souhaité pouvoir faire plus d'efforts pour convaincre la star de visiter la SCOAN suite au message personnel que lui avait donné Prophète T.B. Joshua.

Plus tard cette année-là, un membre de la famille Jackson est venu à la SCOAN pour assister au service et rencontrer T.B. Joshua en privé. Tout cela s'est produit pendant l'une de nos périodes de séjour à la SCOAN, et nous avons admiré la manière discrète et sensible avec laquelle cette visite a été gérée.

En effet, une « grande célébrité » était partie pour un « voyage sans retour ».

LE PROPHÈTE EN PLEURS

« Je suis brisé par la douleur de la fille de mon peuple, Je suis dans la tristesse, l'épouvante me saisit. » (Jérémie 8 : 21).

Au début du mois de septembre 2019, l'Afrique du Sud a été le théâtre d'une vague d'attaques perpétrées par des foules contre des étrangers, dont beaucoup étaient Nigérians. Les troubles s'accentuaient et les représailles et l'escalade de la violence semblaient inévitables.

Pour le service du dimanche de la SCOAN le 8 septembre, Prophète T.B. Joshua n'a pas prêché. En effet, il n'a pas participé au service, sauf pour se tenir dans la file d'attente, main dans la main, avec la chorale de la SCOAN sur scène alors qu'ils chantaient une chanson qu'il avait écrite intitulée Afrique Unissons ! Il était visiblement ému et a versé des larmes pendant la chanson,

> *Afrique unissons-nous*
> *[Afrique souviens-toi d'où nous venons]*
> *Afrique unissons*
> *[Afrique, unissons-nous]*
> *Nous avons besoin les uns des autres*
> *Nous avons besoin les uns des autres pour grandir*

Afrique unissons-nous
Le Sud ne peut pas le faire seul
L'Ouest ne peut pas faire seul
L'Est ne peut pas le faire seul
Le Nord ne peut pas faire seul
Nous avons besoin les uns des autres
Nous avons besoin les uns des autres pour grandir
Afrique unissons-nous

Au cours des deux semaines suivantes, la SCOAN a reçu environ 200 « rapatriés » Nigérians à l'église pour entendre leurs témoignages et leur apporter un soutien concret sous la forme de dons en espèces totalisant 15 millions de nairas. Les récits des rapatriés expliquent l'impact de la chanson et des larmes du Prophète T.B. Joshua,

> « Avant cette chanson du Prophète T.B. Joshua, il y avait de la colère au sein de la communauté Nigériane. Nous envoyions des messages au Nigéria, partageant des vidéos horribles et appelant notre peuple à venger ses attaques. Mais après cette chanson, j'ai été délivré de cette colère, de cette méchanceté, de ces griefs. C'était une auto-délivrance. J'ai réalisé que notre ennemi n'était pas l'apparence physique mais une personne sans chair ni sang – des êtres spirituels. »

(Mr Stanley, rapatrié nigérian)[52]

> « Les larmes qu'a versées Prophète T.B. Joshua dimanche dernier lors de la diffusion en direct du service du dimanche a sauvé de nombreuses vies. »

(Mr Nwaocha, rapatrié nigérian)[53]

> « Ce sont les larmes de l'homme de Dieu qui ont poussé la police à se rassembler autour de nous pour nous sauver des assaillants. Nous devons faire preuve d'amour les uns envers les autres. »

(Mr Ogbonna, rapatrié nigérian)[54]

---

52 *South Africa returnees narrate ordeals* [Des rapatriés sud-africains racontent leurs épreuves], P. M. News (Nigéria), 20 septembre 2019
53 *South African returnees get financial aid, succour from SCOAN* [Les rapatriés sud-africains reçoivent une aide financière et le soutien de la SCOAN], Nigerian Tribune, 15-09-2019
54 Ibid.

La période de la pandémie

Le « Complexe du Terrain de Foi », ou « la Montagne de Prière », était un projet qui a pris de nombreuses années à se développer. La « brousse » marécageuse était minutieusement drainée par des ouvriers travaillant souvent à la main dans de simples pirogues pour enlever les roseaux. Au fil du temps, cela a créé une étendue d'eau. Avec ses petites îles, ce lac est devenu un refuge pour les oiseaux, et au coucher du soleil, l'air en était rempli. Des petits singes, des paons et de gentilles antilopes, ainsi que des coqs d'ornement, étaient également présents.

La Montagne de Prière début 2021

Peu à peu, le grand jardin de prière a vu le jour, avec de nouveaux arbres choisis pour fournir de l'ombre aux pèlerins en prière. Des canaux de drainage spéciaux ont été créés pour que les pluies tropicales puissent se disperser rapidement, et enfin, le sentier réservé à la prière situé tout autour du lac a été construit et achevé en 2020.

À l'extérieur de la Montagne de Prière, la circulation était dense et la vie trépidante de la mégapole continuait, mais à l'intérieur des murs, une oasis de nature et de paix avait émergé.

L'un des souvenirs marquants fut le passage important de l'année 2019 à l'année 2020 (lorsque le virus à l'origine de la pandémie de COVID-19 était déjà à l'œuvre en Chine). L'homme de Dieu a choisi de passer ce temps à la Montagne de Prière de Lagos avec environ 300 visiteurs plutôt que d'apparaître en direct sur Emmanuel TV en tant qu'« influenceur » au début de la nouvelle année. Le « sentier de prière » était déjà presque terminé et, dans la chaleur de la journée, « pour faire transpirer la chair », comme nous y encourageait T.B. Joshua, nous avons marché et prononcé les points de prière suivants,

> *Tout esprit d'offense, tu n'es pas le bienvenu ici ! Sorts de ma vie !*
> *Tout esprit de haine, tu n'es pas le bienvenu ici ! Sorts de ma vie !*

Tout esprit d'immoralité, tu n'es pas le bienvenu ici ! Sorts de ma vie !
Tout esprit d'infidélité, tu n'es pas le bienvenu ici ! Sorts de ma vie !
Toutes les douleurs du passé, vous n'êtes pas les bienvenues ici ! Sortez de ma vie !

Merci, Saint-Esprit d'amour, d'avoir pardonné ma haine
Merci, Saint-Esprit de foi, d'avoir pardonné mes doutes
Merci, Saint-Esprit d'espérance, d'avoir pardonné mon apitoiement sur moi-même
Merci, Saint-Esprit d'humilité, d'avoir pardonné ma fierté
Merci, Saint-Esprit de paix, d'avoir pardonné ma colère
Merci, Saint-Esprit de patience, d'avoir pardonné mes grognements
Merci, Saint-Esprit de bonté, d'avoir pardonné mes mauvaises actions.

En tant que prophète, communiquant entre le visible et l'invisible, il a prophétisé, parmi de nombreuses autres prophéties exactes, l'année de la peur, en disant : « Vous n'êtes pas inquiets, mais je suis très inquiet ». Cela s'est produit comme prédit. L'année de peur qui allait affecter toutes les nations était sur le point de s'abattre sur nous. Ce que nous considérions jusqu'alors comme une vie ordinaire s'en trouverait bouleversé de l'intérieur. Toutes les nations ont été touchées par le fléau de la peur, en particulier les pays développés dont la population est considérablement plus âgée et dont les préoccupations face à des systèmes de santé sont saturés. Partout, les églises ont fermé leurs portes et se sont préparées à exercer leur ministère « en ligne ».

« Je savais qu'un moment comme celui-ci viendrait », a déclaré l'homme de Dieu, faisant référence à la fermeture des églises. En effet, les efforts herculéens déployés au fil des années pour préparer l'espace de la Montagne de la Prière à devenir un endroit approprié pour plusieurs centaines de personnes, avec beaucoup d'espace, d'air frais et sous l'inspiration de la nature, ont maintenant été récompensés. Les partenaires d'Emmanuel TV et les membres de l'église ont été les premiers bénéficiaires de cet espace béni.

Au fil du temps, T.B. Joshua a été vu en train de prier avec les partenaires d'Emmanuel TV à la Montagne de Prière. En marchant parmi les arbres du jardin, dans un cadre sylvestre, il prenait son temps, se

Le Prophète à la montagne

déplaçant parmi les gens qui étaient assis de manière ordonnée et socialement éloignée, attendant ce toucher de Jésus. Les amis et partenaires fidèles d'Emmanuel TV attendaient depuis si longtemps pour recevoir ce toucher oint. Il était effectivement oint ; les maladies chroniques à long terme telles qu'une mauvaise vision, une mobilité limitée et l'arthrite s'enfuyaient à mesure que leur père dans le Seigneur se déplaçait parmi les arbres, et que la puissance de Dieu était présente pour guérir.

T.B. Joshua prie pour les partenaires d'Emmanuel TV dans le jardin de prière

Notre vie spirituelle

Prophète T.B. Joshua disait souvent cela :

> « Le premier endroit où vous devez prospérer est dans votre vie spirituelle. ».

Sans ce fondement, toute autre forme de prospérité ne résistera pas à l'épreuve du temps ou pourrait finir par être une force destructrice plutôt qu'une bénédiction.

Mais comment construire notre vie spirituelle ? Le sermon suivant aide à faire la lumière sur ce point.

NOTRE VIE SPIRITUELLE

T.B. Joshua, Service du dimanche de la SCOAN, 7 Février 2010

Beaucoup d'entre nous sont des Chrétiens traditionnels habitués à prier d'une manière ou d'une autre. Ce n'est pas notre corps qui prie, mais celui qui est en nous (que nous ne pouvons pas voir) qui prie. Il y a deux natures dans une personne ; celle que nous voyons est la nature humaine. Ce n'est pas seulement lorsque vous ouvrez la bouche que vous priez. Vous pouvez prier tout en discutant avec des amis, ou vous pouvez prier tout en mangeant.

Cela devrait être la vie normale d'un Chrétien, c'est-à-dire que votre vie devrait être une vie de prière. Vous devez toujours méditer au nom de Jésus-Christ, en disant : « *Seigneur Jésus, aie pitié de moi ; que Ta miséricorde parle pour moi ; que Ta faveur parle pour moi aujourd'hui* ». Mais combien de Chrétiens font cela ? Vous ne priez que lorsque vous en avez besoin.

Notre problème est que nous sommes trop mondains et que ce que nous recherchons dans le monde, qui consomme tout notre temps de qualité, nos efforts et notre énergie, nous ne l'obtenons pas. C'est la chose la plus décevante. Pourquoi alors ne pouvons-nous pas consacrer plus de temps à notre vie spirituelle, nous connecter et voir ce qui va se passer ?

Le résultat de votre nouvelle naissance, de votre statut de croyant, suffit à dire au monde qui vous êtes au lieu que vous vous présentiez vous-même.

Aujourd'hui, c'est vous qui suppliez les gens de vous laisser prier pour eux, au lieu qu'ils vous supplient de prier pour eux après avoir reconnu Jésus en vous.

Vous avez constamment besoin de Jésus, pas seulement à un moment donné. Vous savez que vous avez besoin de Jésus, mais vous ne savez pas à quel point vous avez besoin de Lui. Vous avez besoin de Lui pour mettre vos lunettes, vous avez besoin de Lui pour ouvrir votre bouche, vous avez besoin de Lui pour fermer la bouche, vous avez besoin de Lui pour regarder derrière ou devant, mais vous croyez que vous n'avez besoin de Jésus que lorsqu'il y a des problèmes ou des difficultés. C'est pourquoi satan continue à profiter de cette opportunité ; il connaît le moment où vous L'appelez, le moment où vous avez besoin de Lui. Les fois où vous n'êtes pas connecté, il vous attaque, il frappe.

Lorsque vous commencez à penser que vous pouvez faire certaines choses par vous-même, vous vous trompez. Vous devez dépendre de Lui pour tout. L'Apôtre Paul dit : « *Je puis tout par celui qui me fortifie.* » (Philippiens 4 : 13), mais pour vous, ce n'est pas tout que vous faites aujourd'hui par Christ. Ce n'est pas par Christ que vous regardez, ce n'est pas par Christ que vous souriez, ce n'est pas par Christ que vous vous levez, que vous vous asseyez, que vous mangez.

Nous devons reconstruire notre vie spirituelle à nouveau. Lorsque vous méditez sur Jésus en permanence, vous n'aurez pas le temps pour des bêtises ; vous n'irez pas là où Jésus n'est pas le bienvenu. Vous devriez toujours être dans une attitude de prière tout le temps et ne pas attendre que je vous dise : « Levez-vous pour la prière ». Le premier endroit où nous devons prospérer est dans notre vie spirituelle.

La plus grande guerre que nous ayons est dans notre cœur. Les difficultés et les déceptions se produiront d'abord dans nos cœurs, mais lorsque nous serons dans une attitude de prière, toutes ces pensées négatives disparaîtront.

La situation du Chrétien est destinée à la gloire de Dieu, comme ce qui est arrivé à Paul,

« *Trois fois j'ai prié le Seigneur de l'éloigner de moi, et il m'a dit : Ma grâce te suffit, car ma puissance s'accomplit dans la faiblesse. Je me glorifierai donc bien plus volontiers de mes faiblesses.* » (2 Corinthiens 12 : 8-9).

Lorsque Dieu est conscient de votre situation, il manifeste Sa force dans votre faiblesse. Vous pouvez continuer encore et encore avec le problème jusqu'à ce qu'Il décide de l'enlever ou de ne pas l'enlever. Et s'Il décide de ne pas l'enlever, vous pouvez toujours vivre le reste de votre vie paisiblement parce que nous n'avons jamais appris que c'était l'épine qui a tué Paul.

Un Chrétien vit une vie qui vient de Christ, et lorsque votre vie vient de Christ, tout ce qui la concerne, Christ en est conscient, tant que vous tirez vos ressources intérieures de Lui. Lorsque Dieu est conscient de votre situation, votre situation est sous contrôle. Votre situation est sous contrôle lorsqu'elle est destinée à vous maintenir à un nouveau niveau dans la vie, lorsqu'elle est destinée à renforcer votre désir de Dieu, lorsqu'elle vous fait prier davantage et jeûner davantage, et lorsque la situation est destinée à vous préserver pour la rédemption.

Pourtant, au verset 9, Paul dit : « *Je me glorifierai donc bien plus volontiers de mes faiblesses* », ce qui signifie que son infirmité était différente de celle des autres. Les autres sont destinés à les détruire, à les tuer, mais la vôtre est destiné à vous préserver, à vous maintenir à un nouveau niveau et à vous préparer aux défis à venir. Si telle est votre situation, alors pourquoi murmurer, pourquoi vous plaindre, pourquoi douter, pourquoi craindre ? C'est une opportunité pour vous d'honorer Dieu devant les hommes.

Mais aujourd'hui, quand vous avez un petit souci, sans rien dire, les gens peuvent le constater à votre apparence. La sympathie des êtres humains ne peut pas résoudre votre problème ; cela ne fera qu'empirer les choses. Alors restez fidèle à Dieu. Dans les bons comme dans les moments difficiles, restez fidèle à Dieu.

Vous êtes une génération choisie. Lorsque vous ne savez pas qui vous êtes, vous commencez à vous comparer aux autres. Récupérez votre situation des mains de satan en la considérant comme une bénédiction et une opportunité d'honorer Dieu devant les hommes.

Un homme du peuple

« *J'ai été faible avec les faibles, afin de gagner les faibles. Je me suis fait tout à tous, afin d'en sauver de toute manière quelques-uns.* » (1 Corinthiens 9 : 22).

Hébreux 1 verset 9 parle de Jésus-Christ, citant l'un des Psaumes :

« *Tu as aimé la justice, et tu as haï l'iniquité ; C'est pourquoi, ô Dieu, ton Dieu t'a oint D'une huile de joie au-dessus de tes égaux.* ».

Dans ses relations avec l'humanité en général, une autre image de T.B. Joshua émerge, celle-ci est remplie de joie, et montre comment il interagit avec chaque homme, femme et enfant à leur niveau. Il démontre qu'il est « tout à tous », un homme de Dieu et un homme du peuple.

Cela était de surcroît plus évident lorsqu'il s'agissait de personnes répondant à une parole prophétique ou posant des questions lors d'un culte de l'église en direct. Rejoignons cette scène un jour.

Un petit garçon était assis quelque peu nerveusement à côté de sa mère, et lorsque T.B. Joshua passa près d'eux, il commença à se comporter étrangement à cause de l'effet des mauvais esprits dans sa vie. La mère essayait d'expliquer que c'est le petit garçon qui avait un problème (de colère), mais T.B. Joshua n'en a pas fait cas. Pendant que la mère était sous l'influence du Saint-Esprit, il pria pour elle et en même temps il mit le petit enfant à l'aise.

Tout a été filmé et était visible par les téléspectateurs du monde entier, il lui demanda d'abord ce qu'il y avait dans ses poches, puis il prit sa veste de costume minuscule et essaya de l'enfiler lui-même. Le visage du petit s'illumina et une vague de rire se répandit sur son visage. À son langage corporel, on pouvait voir qu'il se détendait : « Donc, cet adulte mature dans ce grand endroit était un homme amusant. J'aime cet homme. La scène se termina avec lui prenant T.B. Joshua par la main joyeusement ; ensemble, ils marchèrent vers sa mère, dont la délivrance était terminée. Il dit alors à la mère : « C'est un bon garçon, plus tard je vous reverrai tous les deux ».

> « Dans une situation de tension et de pression, rire devient un grand soulagement. ».

Les « esprits religieux » frémissaient alors que T.B. Joshua faisait preuve d'humour et de rire pour les exposer.

Un couple est venu pour la prière, le mari se plaignant que sa femme consultait la Bible avant d'entreprendre quoi que ce soit, y compris sur des questions d'intimité conjugale. L'air sérieux et sondant plus profondément, il interrogea le mari exaspéré dont les histoires révélèrent un esprit religieux malin derrière les actions de sa femme. Abordant le sujet avec son humour doux, il a exposé l'esprit religieux superstitieux qui, sans délivrance, pouvait conduire à la maladie mentale. Cet exemple a parlé à l'église et à un public plus large comme une parabole vivante.

En lui donnant la Bible, il lui a demandé de mimer comment elle la consultait en l'ouvrant au hasard et en décidant sur quel stand de marché elle devait se rendre pour acheter de l'igname (un légume local). Alors que les exemples devenaient de plus en plus ridicules, les rires de l'église se sont révélés un moyen approprié de dénoncer la force malveillante à l'œuvre. Après la délivrance, le couple est venu partager son témoignage. Un mariage rétabli et un avenir radieux à venir.

Tout peut arriver à tout moment dans un service de la SCOAN. Une minute, la congrégation, souvent magnifiquement vêtue de vêtements locaux en coton brillant, se mettait à rire ; Une minute plus tard, il pouvait y avoir une prophétie : « Quelqu'un ici a une arme. Sortez. Dieu vous délivrera. » Un homme se présenta alors devant, attiré par l'influence du Saint-Esprit, et, alors qu'il relevait son pantalon, on pouvait apercevoir un couteau long d'un pied, attaché autour de son mollet.

ACCESSIBLE MAIS INTOUCHABLE

C'était au milieu du service religieux, et dehors, des bruits de coups de feu remplissaient l'air ! Il y avait des voleurs armés dans la rue, menaçant de faire des ravages avec une arme chargée. Dans les rues bondées, pleines de monde, il était possible de provoquer rapidement un carnage.

T.B. Joshua montre l'arme récupérée sur des voleurs armés

T.B. Joshua sortit calmement, s'approcha des voleurs au milieu de la foule, exigea le pistolet, puis porta l'arme dans l'église et continua sa prédication.

À une autre occasion, un homme transportant de l'acide a sauté sur la voiture alors que T.B. Joshua était sur le point d'y entrer pour retourner à la Montagne de Prière depuis l'église. L'homme de Dieu a prononcé une parole d'autorité, et l'homme s'est « figé » et a été incapable d'accomplir sa mauvaise action.

Marchant au milieu de la foule dans l'église, Prophète T.B. Joshua expliquait que, marchant avec Dieu, il était « accessible mais intouchable ».

Ces incidents ne se pas limitaient aux locaux de l'église ni même au Nigéria.

« Vite, arrêtez-le ; où va-t-il ? » L'homme robuste traversa directement la zone de prière, courant délibérément vers T.B. Joshua, avec l'intention de le plaquer au sol.

« Que ce qui se passe ? ». En s'approchant très près, c'est comme s'il s'est retrouvé face à un mur en béton et il tomba au sol, incapable de se relever.

Ce n'était pas à Lagos mais à des milliers de kilomètres de là, à Singapour.

Nous avons lu en détail un phénomène similaire dans les journaux des fondateurs du méthodisme, John et Charles Wesley, qui furent parfois attaqués par des foules violentes au cours de leurs prédications en plein air. Il n'était pas rare que les chefs de la mafia changent de camp et commencent à les protéger, alors qu'ils tombaient sous le pouvoir de la parole prononcée avec amour et foi. Un gang de premier plan appelé Munchin a vécu cette expérience et, après avoir décidé de tuer John Wesley, il a fini par le protéger du reste de la mafia. Charles Wesley a écrit à son sujet :

> Munchin, l'ancien capitaine de la mafia, est constamment sous la Parole depuis qu'il a sauvé mon frère. Je lui ai demandé ce qu'il pensait de lui. « Pense à lui ! » dit-il : « C'est un homme de Dieu, et Dieu était de son côté quand tant d'entre nous n'ont pas pu tuer un seul homme. .[55]

Pour en revenir au présent, un groupe de militants est venu à la SCOAN parce qu'ils étaient fatigués de la violence et du désir incessant d'effusion de sang et voulaient la délivrance.[56] Ils ont vu dans T.B. Joshua un homme qu'ils pouvaient approcher. Comme il l'a dit : « Personne n'est trop mauvais, et personne n'est trop bon pour recevoir le salut ».

Les danses et les célébrations

Que montrait la caméra ? Une photo en deçà du genou de pieds virevoltants tapotant sur un rythme vigoureux. Qui était cette personne ? Maintenant, nous pouvions voir ; il y avait T.B. Joshua qui dansait, tandis que tout autour, la joyeuse cacophonie des instruments, des tambours africains et des voix tourbillonnait. C'était le service du dimanche en direct où tout le monde profitait de l'occasion de louer Dieu avec un peu de rythme authentique Ouest-Africain, notamment le pasteur.

Les célébrations du Nouvel An ont vu cet amour de la danse s'élever à un autre niveau. Premièrement, il y avait de la nourriture pour les visiteurs venus

T.B. Joshua danse pendant un moment de louange

---

55 Jackson, T. (éd.) (1849). *The Journal of the Rev. Charles Wesley* [Le Journal du révérend Charles Wesley]. Entrée pour le 25 octobre 1743.
56 *Nigerian Militants Surrender In Church!* [Les militants nigérians se rendent à l'église !] Publication Facebook du Ministère de T.B. Joshua, 26 juin 2019.

pour une retraite spirituelle d'une semaine et pour tous les employés de l'église. Après avoir goûté la délicieuse cuisine locale et internationale, les concours de danse commencèrent. D'abord, les différentes nations ont pris la place, puis les différents départements de travail de l'église.

Il y aurait des confrères officiels qui annonçaient les résultats avec beaucoup de sérieux. Parfois, T.B. Joshua envoyait un message aux évangélistes, et avant que nous nous en rendions compte, tout le monde se retrouvait en direct sur Emmanuel TV. Les téléphones commençaient à exploser à mesure que les SMS et les messages WhatsApp affluaient, en particulier en provenance des pays d'Afrique australe, disant : « Je vous regarde ; belle danse ; j'aurais aimé être là ! »

La boxe dans l'esprit

Il y avait peu de choses que les fidèles de l'église locale, en particulier les hommes musclés Nigérians, apprécieraient plus que les rencontres de puissance que le Saint-Esprit permettait occasionnellement à T.B. Joshua à avoir avec des boxeurs ou des lutteurs connus.

Même s'il y a eu beaucoup de rires de la part des spectateurs, ces rencontres ont contribué à renforcer la foi et à faire honte au diable.

Il y avait un boxeur venu pour la délivrance, où T.B. Joshua a proclamé : « Je vais te boxer dans l'esprit ». Le boxeur, un grand Nigérian aux biceps saillants, se redressa automatiquement. Même s'il voulait être délivré, ce non-boxeur de taille moyenne n'allait sûrement pas gagner. Qu'en était-il de sa réputation ?

Mais il s'agit d'un combat de boxe non pas de la chair mais de l'esprit. Sans contact physique, alors que T.B. Joshua boxait dans le vide dans sa direction, il tomba au sol une, deux, trois fois. À la fin du troisième tour, il baissa la tête vers le sol. T.B. Joshua lança un grand signe de la main dans sa direction, et l'homme s'effondra à nouveau sur le sol, finalement délivré.

Après cela, avec une lueur dans les yeux, quelques conseils à l'homme sur sa boxe. « Si c'est votre métier de sportif, continuez votre boxe mais ne détestez pas votre adversaire. ».

Des acclamations et des mains levées en l'air ont salué cette rencontre de la part des membres de l'église qui regardaient, et ils rentrèrent chez eux pour tout raconter à leurs voisins.

Une autre fois, une vieille dame Sud-Africaine blanche et raffinée a admis qu'elle avait peur d'être agressée. T.B. Joshua a pris son sac à main, le lui a rendu et a dit aux autres membres de son groupe Sud-Africain d'essayer de lui arracher le sac. Elle leva son sac à main à mesure qu'ils s'approchaient, même deux à la fois, et proclama : « Au nom de Jésus, vous ne porterez pas mon sac. » Un par un, ils ont échoué et ont fini par s'allonger sur le sol, incapables de comprendre. Est-ce que cela arrivait vraiment à des hommes forts et compétents ? Quel était cette puissance ?

Un service religieux bondé à la SCOAN

En d'autres occasions, T.B. Joshua touchait le microphone puis le dirigeait vers une personne manifestant de mauvais esprits qui tomberait. Il démontrait l'onction de Dieu à travers des objets inanimés.

Au fur et à mesure que le temps passait et que l'Eau d'Onction était largement distribuée, il y avait des témoignages tels que le fait de tenir l'Eau d'Onction devant des voleurs armés et des criminels qui s'enfuyaient.

L'école du dimanche

Comme T.B. Joshua visitait les classes de l'école du dimanche et passait devant elles (souvent avec des tonnes de bonbons), il y avait toujours des cris et des clameurs de joie. Les enfants l'appelaient Papa et voulaient être avec lui. Les anniversaires des enfants étaient célébrés avec un gâteau, et il coupait souvent le gâteau.

Puis il y a eu les prestations des enfants devant l'église. L'équipe de tournage a toujours enregistré les événements répétés par les enfants avec autant de sérieux qu'ils en accorderaient au service du dimanche. Au fur et à mesure qu'Emmanuel TV se développait, les meilleurs

Un homme du peuple

d'entre eux pouvaient apparaître dans le programme.

Quel moment passionnant ; c'est l'occasion pour l'école du dimanche de briller. Ils avaient préparé un spectacle spécial et, en ricanant, ils essayaient de se souvenir de leurs répliques. Les mères travaillaient sur leurs costumes et maintenaient l'ordre. Nos groupes de visiteurs ont adoré les performances en direct des enfants, et cette fois-ci sans exception.

T.B. Joshua célèbre un anniversaire à l'école du dimanche en 2002

Voici un jeune garçon et avec lui un groupe d'enfants qui s'alignèrent. La fausse moustache du petit garçon était un peu lâche, mais son aplomb était considérable. S'approchant de la file d'enfants, il commença à prier : « Toi esprit de méchanceté et de cerveau ennuyeux, sors de ce corps ! Je vous ordonne de partir au nom de Jésus ! ». Se tournant vers le public, une fois que toute sa rangée de « patients » était au sol, il commença à diriger avec certains points de prière de T.B. Joshua, appelant de façon autoritaire la caméra pour qu'il puisse prier pour les téléspectateurs.

Les visiteurs n'échappaient pas à son œil de lynx, et bien qu'il ne fût pas parmi nous, nous savons que quelque part dans le bâtiment, T.B. Joshua, avec son sens de l'humour effervescent, aimait être imité.

Plus tard, les meilleurs prédicateurs parmi les enfants se joignaient au spectacle pour prêcher. Ensuite, il y avait peut-être notre exemple préféré : une discussion thématique menée par des enfants de dix ans sur un thème théologique sobre, peut-être la nature de la prière ou le rôle du Saint-Esprit. C'était sans vergogne une façon douce et humoristique d'expliquer et de démontrer les vérités éternelles et à quel point cela a réussi !

C'est l'heure de la prière dans le service en direct, et un petit garçon au visage espiègle était assis avec sa mère. Il était audacieux et riait aux éclats quand il a vu T.B. Joshua en chair et en os. Cet enfant est venu préparer et il a demandé le microphone, ramenant T.B. Joshua à des éclats rires. Il demanda au garçon : « Veux-tu prêcher ? ».

Le garçon avait mémorisé toute une séquence d'Emmanuel TV, citant des passages des écritures complexes et également des points d'ensei-

Un petit garçon imite T.B. Joshua prêchant en 2011

gnement, tels que : « La connaissance renvoie à expliquer le déroulement et la corrélation des faits de l'Évangile » et « La prophétie ne consiste pas nécessairement à prédire des événements mais à prêcher et à enseigner la Parole avec puissance ! ».

Cette rencontre, en plus de donner une grande joie à l'enfant et à l'église qui la regardait, a été une occasion spontanée pour le pasteur d'encourager les parents à observer l'injonction scripturaire suivante : « Instruisez vos enfants dans les voies du Seigneur ». Ce garçon en particulier a grandi et s'est épanoui et a souvent été vu avec sa mère à la SCOAN pendant les périodes de vacances.

Et quel a été le résultat d'une telle rencontre ? Est-ce que ça s'est arrêté là ? Était-ce juste un peu du bon temps pendant le service ? La vidéo a été visionné à plusieurs reprises sur YouTube et dans de nombreux pays. Au Pakistan, à l'École Emmanuel, elle a été considérablement appréciée par les enseignants et les enfants.

Le mentorat

Des personnes de tous âges venant de nombreux pays demandaient à rester un certain temps à la SCOAN pour être encadrées par T.B. Joshua. C'était une « école biblique du Saint-Esprit » où l'argent n'était en aucun cas nécessaire. Il était également clair sur la nécessité absolue de maintenir toute transmission reçue par un bon caractère et une vie cohérente selon la Parole de Dieu.

Outre les évangélistes, ce mentorat a pris de nombreuses formes, comme le développement des jeunes de l'église, qui acquerraient des compétences précieuses en travaillant dans différents départements. Cette expérience leur sera très utile pour leur future carrière.

Emmanuel TV a notamment bénéficié de cette formation interne. Comme expliqué sur le site Web,

> « Chez Emmanuel TV, nous croyons au développement des compétences. Jésus-Christ a pris du temps pour développer les compétences de ses disciples. Toute notre équipe de production, y compris les caméramans, monteurs, réalisateurs, graphistes, artistes, présentateurs, ingénieurs du son, etc., sont tous des évangélistes internes qui ont développé leurs compétences en travaillant à la SCOAN et avec Emmanuel TV. ».

Certaines personnalités venaient à l'église pour voir l'homme de Dieu dans son bureau, cherchant la sagesse d'un prophète reconnu. Il s'agirait notamment d'hommes et de femmes d'affaires, d'universitaires, de responsables gouvernementaux et humanitaires, ainsi que des pasteurs. Certains, comme Nicodème, rendant visite à Jésus, venaient discrètement, la nuit.

T.B. Joshua a toujours encouragé les gens à faire « mieux que leur meilleur », que leurs compétences soient universitaires, juridiques, médicales, commerciales, sportives, artistiques ou ministérielles.

Les œuvres de charité

T.B. Joshua pouvait s'identifier personnellement aux pauvres et, tout au long de sa vie, il s'est consacré à donner généreusement pour les aider. Voici un extrait d'un entretien avec lui dans un journal qui explique un peu le contexte :

T.B. Joshua rend visite aux nécessiteux, 2007

> *Qu'est-ce qui a motivé votre passion pour les nécessiteux ?*
>
> « La Bible dit : « Veillez et priez... » – cela signifie que vous devez regarder autour de vous avant de prier. S'il y a des personnes qui ont besoin de votre aide, faites tout ce que vous pouvez pour les soulager : aimez-les. Après cela, priez – et vos prières seront exaucées. Je sais ce que c'est que d'être dans le besoin. J'ai déjà été dans cette

situation, demandant de l'aide. Je sais parfaitement ce que signifie être dans le besoin. J'ai goûté à la pauvreté, à l'humiliation. J'ai souffert de l'abattement, de la négligence et de ce que vous avez. Mais aujourd'hui, je suis un produit de la grâce. Je ne blâme personne d'être pauvre ; Je ne devrais reprocher à personne d'être humilié. Le coureur rapide ne gagne pas toujours la course. »[57]

T.B. Joshua n'a pas caché son amour pour son pays. Dans le cadre de nombreux projets caritatifs et programmes de bourses locaux, il aidait souvent ceux qui avaient tenté d'accéder à une « vie meilleure » en Europe, après avoir été trompés par des passeurs sans scrupules. Cette « vie meilleure » les voyait souvent enfermés dans les prisons Libyennes ou travaillant comme « esclaves modernes ». Il y avait des appels à l'aide adressés à T.B. Joshua et le gouvernement Nigérian s'impliquait dans le rapatriement.

Vêtus de survêtements réglementaires, les déportés de la Lybie venaient à la SCOAN et recevaient de la nourriture, des soins médicaux et une nourriture spirituelle avant de recevoir une aide financière et des sacs de riz pour les aider à retourner dans leur lieu de naissance. Premièrement,

ils racontaient leurs histoires déchirantes devant une église bondée et devant de nombreuses autres personnes qui regardaient Emmanuel TV, avertissant les autres de ne pas se laisser prendre aux mensonges promettant une voie facile vers des « pâturages plus verts ».

Les Nigérians expulsés de Libye reçoivent un soutien à la SCOAN en 2017

Haiti

« Baba et Mama, êtes-vous bien assis ? Nous avons une grande mission. ». T.B. Joshua avait appelé au milieu de la nuit, disant que nous cinq, aux États-Unis, devrions être le fer de lance d'une réponse au tremblement de terre catastrophique d'Haïti en janvier 2010, avec une clinique

---

57 *TB Joshua Interview — The People Come First* [Interview de T.B. Joshua – Les gens passent en premier], Tell Magazine, n° 52, 24 décembre 2007

médicale. Dans le Colorado, nous étions en train d'installer un petit bureau pour Emmanuel TV lorsque cet appel est arrivé tôt le matin d'un membre de l'équipe. Suite à cette instruction de partir, dix jours plus tard, l'équipe américaine, avec le soutien du Royaume-Uni, avait affrété un cargo, rempli de fournitures médicales et avait constitué une équipe de projet. C'était en soi un miracle.

Fiona décrit ses sentiments à l'époque,

C'était un mélange à la fois de « comme c'est incroyable » et de « comme c'est terrifiant ». La situation politique était incertaine. Nous étions tous censés dormir directement sur le sol, sur des rochers (comme ce fut le cas), laissant dehors de petits sacs à dos. En ce moment même, l'approvisionnement en carburant en Haïti était incertain. Le plus petit sur lequel j'avais pris place, notre petit avion a dû s'arrêter pour prendre du carburant à Nassau. Mais en m'asseyant dans le 9 places, voici les pensées qui prédominaient dans mon esprit : « Je suis en paix avec tout le monde ; Je vais servir les pauvres ; Dieu est avec nous et nous sommes sous la direction d'un vrai prophète, donc quoi qu'il arrive, tout va bien. »

Gary était resté quelques jours en Floride pour régler le problème de cargo, où il a vécu son lot de défis et de miracles. Le premier avion est resté clouer au sol, puis une deuxième compagnie charter d'affrètement a été identifiée et un nouvel avion préparé et chargé, le tout dans les 24 heures.

Après être arrivé avec l'avion-cargo et les fournitures en Haïti et avoir rencontré Fiona et d'autres membres de l'équipe, le miracle suivant a été d'acheminer les produits vers la zone du tremblement de terre. Nous avons emprunté des routes officiellement impraticables tout le long de l'île et avons ensuite demandé au maire d'Arcahaie un terrain pour camper et servir de clinique.

Gary et Fiona dans les transports locaux en Haïti

Une fois sur place, nous n'avons eu aucun problème à trouver des personnes dans le besoin. Toutes les femmes enceintes voulaient voir un médecin et tous les enfants avaient besoin d'un traitement contre l'eau contaminée. Les gens étaient terrifiés suite au tremblement de terre et dormaient dehors.

Haïti (cette partie) était extrêmement pauvre et le marché local ressemblait à celui d'il y a 300 ans, les marchandises arrivant sur des ânes.

Un message clair de T.B. Joshua à l'équipe rassemblée était de vivre exactement comme les locaux et, par conséquent, éviter les pièges de séjourner dans des hôtels confortables, très éloignés du mode de vie réel de ceux que nous essayions d'aider. Comme l'homme de Dieu avait raison ! Les habitants ont immédiatement vu la différence.

Quelques provisions alimentaires à la Clinique Médicale Emmanuel TV à Arcahaie

L'une des grandes leçons tirées de l'expérience d'Haïti est que le fait d'aller de l'avant implique un certain inconfort. En Haïti, l'inconfort était physique – chaleur incessante, pas de toilettes adéquates, préparation de repas simples pour l'équipe sur un feu de charbon de bois, sommeil sur un tas de cartons, se laver avec un demi-seau d'eau pendant des semaines – mais c'était incroyable et bouleversant ! D'autres situations permettant d'avancer peuvent impliquer des défis différents, peut-être d'ordres mentaux ou émotionnels plutôt que physiques.

L'HOMME ET LE MESSAGE

Le simple appel de T.B. Joshua, alors que nous étions « confortablement assis » au Colorado, avait conduit, en cours de route, à la création d'une clinique médicale à long terme en Haïti, avec une série de miracles et de vies transformées pour le mieux. Comment se fait-il que ce message ait porté en lui la puissance de l'accomplissement et ait montré de nombreuses preuves du soutien de Dieu ? Pour cela, nous devons comprendre quelque chose de plus sur cet homme du peuple.

T.B. Joshua était un homme indissociable de son message. Il a dit essentiellement les mêmes choses lorsqu'il se levait pour parler lors d'un service dominical ou lorsqu'il vous parlait en tête-à-tête. Que ce soit préparé ou non, il parlait de ce qu'il méditait.

Si vous vouliez savoir comment il pensait ou s'il avait un message spécifiquement pour vous, la plupart du temps, il suffisait d'écouter attentivement ce qu'il disait publiquement. Rien n'était caché. Le secret de son ministère était un secret de polichinelle.

Un des premiers messages que nous l'avons entendu prêcher était intitulé « Parlez de ce que vous croyez ». Pour T.B. Joshua, ce n'était pas un slogan mais une simple description de la façon dont il communiquait. Vous pouvez découvrir ce que vous croyez réellement (par opposition à ce que vous pensez croire) en observant votre comportement quotidien et en écoutant votre conversation quotidienne. Pour beaucoup d'entre nous, cela est souvent différent de ce que nous confessons croire. Mais les deux doivent s'unir si nous voulons avoir un réel impact positif.

Un bon exemple est notre approche de la prière. Pour caricaturer comment nous procédons trop souvent, cela ressemble à ceci : nous nous préparons, nous nous rendons à la réunion, puis nous prions à haute voix, croyant que (à condition de prier « avec foi ») Dieu entend notre prière. Mais T.B. Joshua fait une distinction claire entre prier et prononcer des paroles, expliquant que nous devons être dans une attitude de prière à tout moment. Il explique que la prière qui voit la guérison, la délivrance et les miracles dans son ministère n'est pas celle qu'il prononce à voix haute, mais la prière qu'il offre continuellement dans son cœur. Pour la prière pour tous, connue sous le nom de « Prière de Masse », la parole d'autorité s'ajoute à la prière constante du cœur et apporte des résultats : « Soyez guéris ! Soyez délivrés ! ».

Dieu entend la prière du cœur, pas seulement la voix de la prière. Et si votre cœur n'est pas exempt d'inquiétude ou d'offense, par exemple, malgré les paroles de prière impressionnantes que vous pourriez prononcer, vous vous entendrez vous-même, et ceux qui vous entourent vous entendront, mais Dieu ne vous entendra pas.

C'est la même chose avec notre désir de suivre Jésus. C'est une chose de dire que nous voulons suivre Jésus, mais c'en est une autre de le dire de tout notre cœur. Sans cet engagement du cœur, nous ne résisterons pas à l'épreuve du temps. Comme l'homme de Dieu l'a dit de manière assez dramatique dans un sermon en 2017 :

« J'ai décidé de suivre Jésus et je le pensais de tout mon cœur. Si je ne le pensais pas, à ce stade, vous pointeriez le doigt sur ma tombe, où vous raconteriez l'histoire selon laquelle il y avait autrefois une église appelée la SCOAN. »[58]

Vous ne pouvez pas tromper Dieu. Le christianisme n'est pas une performance mais une relation. Les gens peuvent regarder ce que nous faisons, mais Jésus voit pourquoi nous le faisons ; les gens peuvent voir l'action, mais Dieu voit le motif derrière l'action.

Comme T.B. Joshua l'a également dit :

« Jésus-Christ n'a jamais cherché à paraître beau ; il était tout simplement bon. ».

Une autre façon de voir les choses est qu'il s'agit avant tout de l'amour,

« L'amour est la véritable mesure de la vraie spiritualité. ».

En observant son exemple et en écoutant ses messages sur l'amour, nous avons vu que la particularité de l'amour est qu'il concerne l'ici et maintenant, le présent. Les actes d'amour sont le résultat « naturel » d'un cœur libéré par l'amour et le pardon de Dieu. Pour montrer de l'amour, il faut « rester à jour », il faut être vigilant, il faut décharger son cœur. Vous vous aimerez parce que Dieu vous aime et vous aimerez votre prochain comme vous-même.

L'École Emmanuel au Pakistan

« Dieu a des gens à disposition pour vous rencontrer là où vous êtes en mission. »

Cette parole de sagesse de T.B. Joshua, en réfléchissant à l'histoire de Joseph, devait être vrai pour nos voyages et, en particulier, pour nos liens avec le Pakistan.

Lors de nos voyages en Russie avec l'Eau d'Onction, nous avons été mis en contact avec un pasteur du Pakistan. Communiquant par Skype, il a indiqué qu'il regardait les clips vidéo (quand Internet le permettait)

---

58 *Acting on the Word* [Agir selon la Parole], Sermon de T.B. Joshua, service du dimanche de la SCOAN, 14 mai 2017.

du Prophète T.B. Joshua et avait été impressionné de voir la puissance de Dieu en action. Nous avons appris que son église se trouvait dans un quartier très modeste. La directive que nous avions reçue de notre mentor était d'aller « de pays en pays », nous avons donc accepté une invitation pour visiter afin d'organiser des services de guérison. D'une certaine manière, nous nous aventurions dans l'inconnu.

Se demandant quels défis et aventures potentiels nous attendaient, à l'aéroport de Dubaï, nous avons envoyé un e-mail à la SCOAN pour l'informer que nous étions sur le point d'embarquer pour le Pakistan. Nous avons rapidement reçu un e-mail contenant un message de Prophète T.B. Joshua pour dire qu'il priait pour nous. Nous le savions, mais l'entendre faisait toute la différence.

Évêque Asif Jamali, qui parlait anglais, et son frère, le révérend Khalid Jamali, sont venus nous chercher à l'aéroport. Alors que le véhicule loué devait prendre les rues étroites de style médiéval de la ville d'Asif à Lahore, nous savions que ce serait le début d'une relation continue. Les membres de l'église et la communauté locale commençaient à connaître T.B. Joshua comme un « Papa » qui se souciait de leur corps, de leur alimentation, ainsi que de leur vie spirituelle.

L'évêque Asif Jamali raconte sa version de l'histoire :

> « J'étais pasteur depuis 1999 mais j'étais comme des « cuivres et des jingles ». J'étais simplement vide et je faisais du bruit – servant et prêchant mais sans la puissance de l'onction. Les gens venaient à l'église, assistaient aux réunions, mais il n'y avait pas de progrès ou de croissance réels. Pendant ce temps, de Russie j'entendais parler de T.B. Joshua et je regardais des vidéos sur YouTube. Et je me demandais comment Dieu utilisait cet homme de Dieu. Puis, en mai 2011, les évangélistes, frère Gary et sœur Fiona, sont venus au Pakistan avec de l'Eau d'Onction. Dieu a œuvré dans la vie de centaines de personnes. Des miracles se produisaient au nom de Jésus-Christ. J'ai été surpris !
>
> J'ai continué à prier pour que je puisse voir ce grand homme de Dieu. Un jour, j'ai soudainement reçu un appel téléphonique de l'homme de Dieu T.B. Joshua, qui m'a parlé et m'a invité à le voir. Puis, en novembre 2011, frère Gary et sœur Fiona sont venus au

Pakistan et lorsque nous sommes sortis prier, nous avons vu de nombreux enfants qui n'allaient pas à l'école ».[59]

Lors de cette deuxième visite au Pakistan, nous avons rencontré un garçon de dix ans qui demandait de prier pour une percée afin de gagner un peu d'argent pour aider sa famille. En considérant cet exemple clair de pauvreté, nous nous sommes souvenus d'un principe que nous avions vu et entendu de T.B. Joshua : Il y a deux côtés à l'Évangile : le message du salut éternel par la foi en Christ seul et le commandement d'aimer son prochain, quelles que soient sa religion, sa culture ou ses croyances.

« La démonstration d'amour envers les nécessiteux ne suffit pas à elle seule à nous amener au salut, mais elle constitue la base pour juger de notre niveau de gentillesse, car détourner le regard lorsque votre prochain est en difficulté équivaut à rejeter le Christ lui-même. ».

Suite à notre expérience avec ce garçon et constatant combien peu de femmes participant aux réunions avaient appris à lire, nous avons entamé des discussions avec l'Évêque Asif Jamali sur la possibilité de créer une école caritative pour offrir une éducation gratuite de haute qualité dans la communauté locale. Nous avons commencé à réfléchir à la manière dont nous pourrions suggérer le financement de toute une école à T.B. Joshua, pendant que notre hôte travaillait sur quelques plans préliminaires.

Entre-temps, il y a eu l'opportunité de donner des provisions à certaines veuves de la part d'Emmanuel TV. Les dames de la communauté locale du Pakistan, avec leurs vêtements colorés et leurs couvre-chefs légèrement drapés, étaient très reconnaissantes des grands sacs de farine qu'elles avaient reçus. Au nom d'Emmanuel TV, nous avons également pu offrir à certaines personnes des machines à coudre pour les aider à générer quelques revenus.

Nous avons envoyé

Des veuves du Pakistan reçoivent des cadeaux en farine et en machines à coudre

---

59   Communication privée

quelques photos de cette action caritative à l'équipe de la SCOAN à Lagos. À notre grande surprise, nous avons reçu un appel téléphonique personnel de T.B. Joshua nous encourageant et promettant d'envoyer un don de 10 000 $ US pour aider davantage cette communauté dans le besoin. Peu de temps après, un appel de suivi du département bancaire de l'église nous a informés que le don était passé à 20 000 $ US.

À cette époque, nous n'avions fait aucune allusion à l'éventuel projet d'école à T.B. Joshua ou à l'équipe en attendant que l'évêque Asif Jamali prépare quelques propositions pratiques et les coûts. Le don spontané pour une « action caritative » non identifiée s'est avéré être le montant exact nécessaire pour le projet de construction d'une école comportant sept salles de classe construite au-dessus de l'église Pentecôtiste Shield Of Faith. Pas de longues discussions ni de réunions de comité : l'École Emmanuel est née surnaturellement !

Inauguration de l'école Emmanuel au Pakistan le 9 mars 2012

L'évêque Asif Jamali poursuit l'histoire :

> « Les travaux de construction ont commencé. Il y avait de l'enthousiasme parmi les gens du quartier. Le bâtiment était terminé et il fallait maintenant donner un nom à l'école. Pour la cérémonie d'inauguration du 9 mars 2012, T.B. Joshua a donné le nom « École Emmanuel ».
>
> Immédiatement après l'inauguration, j'ai voyagé avec mon frère Gary et ma sœur Fiona à la SCOAN au Nigéria. C'était ma première visite. Je me suis humblement incliné devant le Seigneur et j'ai prié pour que Dieu envoie également cette onction au Pakistan. Ce fut une bénédiction pour moi d'être emmené à la Montagne de Prière, où je me suis assis dans le même bateau que l'homme de Dieu, T.B. Joshua, et il conduisait le bateau. Des prières ont été dites pour moi dans la ligne de prière. Et alors que j'étais sur le point de rentrer, j'ai rencontré T.B. Joshua, l'homme de Dieu, et je l'ai remercié pour l'école.

L'homme de Dieu a posé ses mains sur ma tête et a prié. Trois fois, il a prié pour moi et m'a béni. Quand j'ai quitté le bureau, c'était comme si un grand feu du Saint-Esprit brûlait en moi. Je me suis assis là et j'ai bu 10 verres d'eau ! À mon retour au Pakistan, les membres de mon église attendaient la bénédiction. Dieu a changé ma vie et mon service grâce à T.B. Joshua. Maintenant, les gens viennent en masse et sont bénis. Mon ministère, mon église et ma famille sont bénis et fructueux. Que Dieu bénisse encore davantage l'homme de Dieu. »

Toute l'expérience scolaire, quelle bénédiction ! T.B. Joshua et les partenaires d'Emmanuel TV ont également financé un terrain supplémentaire pour aménager une aire de jeux attenante à l'école et ont continué à soutenir le fonctionnement de l'école année après année.

L'ATTENTAT À LA BOMBE CONTRE L'ÉGLISE DE PESHAWAR

Il y a de nombreux exemples de dons qui étaient « méconnus », juste le statu quo. Alors que la diffusion en direct sur Emmanuel TV était sur le point de démarrer le 22 septembre 2013, nous avons reçu un appel de Peshawar, au Pakistan. Nous avions visité Peshawar, près de la frontière avec l'Afghanistan, l'année précédente sur invitation du révérend Samson de l'église du Pakistan, pour assister à un grand service de guérison en plein air utilisant l'Eau d'Onction.

La voix au téléphone essayait de rester calme. C'était le révérend Samson.

« Maman Fiona, avez-vous vu les nouvelles ? Il y a eu un attentat à la bombe ; ils continuent de sauver des gens, beaucoup ont les membres brisés et beaucoup sont morts. »

Gary a immédiatement vérifié les informations du Pakistan, et c'était effectivement une calamité. C'était l'attaque la plus meurtrière contre la minorité chrétienne dans l'histoire du Pakistan. Le double attentat suicide avait eu lieu à l'église All Saints – qui fait partie de l'église du Pakistan, dont l'évêque nous avait si chaleureusement accueillis l'année précédente.

Le révérend Samson était présent au service mais était indemne. Il

Un homme du peuple

essayait maintenant de coordonner certains efforts de secours immédiats. Que pourrions-nous faire ? Nous avons réussi à appeler T.B. Joshua, même s'il se préparait pour le service. Sa réaction immédiate fut : « Pouvez-vous leur faire parvenir de l'argent en toute sécurité ? Nous voulons donner 10 000 $ ». Plus tard, il a parlé personnellement le révérend Samson.

Effort de secours soutenu par T.B. Joshua à Peshawar

Le révérend Samson devait gérer directement une partie des efforts de secours, tandis que le reste du don était géré par un programme de secours coordonné de l'église du Pakistan. Puis, lorsque nous étions à la SCOAN en janvier 2014, T.B. Joshua nous a remis 5 000 dollars américains supplémentaires en espèces à donner personnellement au révérend Samson pour qu'il puisse aider davantage les victimes de l'explosion de la bombe.

Les secours suite au tremblement de terre en Équateur

Nous venions de terminer un projet au Royaume-Uni visant à nous procurer du matériel informatique spécialisé pour Emmanuel TV lorsque nous avons reçu un appel de la SCOAN. Un évangéliste a appelé juste au moment où nous discutions de « la suite de notre vie ». Le timing de Dieu est stupéfiant. L'évangéliste a dit : « Restez en ligne pour parler à l'homme de Dieu. ». Nous avons traité ces appels très au sérieux et Fiona a joint les mains en priant. D'une voix joviale, « Comment allez-vous ? » (Dieu merci pour cette bonne connexion), puis il a dit : « Vous devriez aller en Équateur ». Puis l'appel fut terminé. Dieu nous conduisait à l'étape suivante.

C'était le 21 avril 2016, peu après le grand tremblement de terre du 16 avril 2016 en Équateur.

Après un petit passage à la SCOAN pour voir le matériel informatique arriver à bon port, nous sommes arrivés en Équateur avec seulement quelques numéros de téléphone comme contacts potentiels. Un membre de l'équipe d'Emmanuel TV, un des évangélistes en formation, nous a rejoint depuis la Colombie au bout de 24 heures. Notre première aventure a été un voyage de nuit en bus local vers la ville de Portoviejo, durement touchée.

Une visite à Portoviejo en Équateur suite au tremblement de terre de 2016

Un proche d'un de nos contacts nous a rencontré pour nous conduire, pour la journée, dans les zones touchées. Nous nous sommes assis ensemble sur une simple banquette et avons vu le visage du conducteur changer lorsqu'un appel téléphonique qui allait changer sa vie est arrivé. Il provenait du gouvernement, débloquant un paiement à sept chiffres qui lui était dû depuis plusieurs mois pour un contrat gouvernemental.

Notre chauffeur, car c'est ainsi qu'il a été présenté, a vu cela comme une grande percée et a cru que c'était parce qu'il assistait une équipe envoyée par T.B. Joshua qui voulait aider son peuple. Cet homme nous a alors appris qu'il était architecte. Plus tard, nous avons découvert qu'il était un architecte de renom, mais il n'était pas trop arrogant pour se porter volontaire pour être notre chauffeur. Il deviendra par la suite l'architecte du projet de reconstruction de l'école. C'était surnaturel. Dieu était impliqué.

Il n'a pas été simple de déterminer comment acheminer l'aide d'Emmanuel TV directement aux personnes affectées. Cependant, notre mentor nous soutenait dans la prière et nous avons reçu un appel avec un message de sa part nous invitant à travailler en étroite collaboration avec le gouvernement.

Nous avons réussi à obtenir une audience avec le gouverneur de la province d'Esmeraldas. Nous lui avons demandé si elle connaissait une communauté gravement touchée par le tremblement de terre et qui n'avait pas encore reçu assez d'aides. Elle nous a référé au village indigène de San Salvador de los Chachis, au cœur de la forêt tropicale.

Le lendemain, assis dans un véhicule ordinaire, nous avons roulé pendant de nombreuses heures à travers des villages. Nous étions habillés pour une réunion de bureau avec des chaussures inadaptées à la « brousse » et n'étions absolument pas préparés à ce qui nous attendait. En quittant la route cahoteuse, nous avons emprunté une piste, nous accrochant sinistrement tandis que la voiture avançait en ballottant. Nous sommes descendus de la voiture au bord de la rivière et sommes montés dans le canot. Là, nous nous sommes assis sous une pluie battante pour un voyage fluvial d'environ deux heures. Le canot a failli couler, ou du moins c'est ce que j'ai ressenti. Les longues branches feuillues d'arbres géants se courbaient près de la rivière et il y avait des flaques d'eau tourbillonnantes. Nous nous demandions avec un peu d'inquiétude s'il pouvait y avoir des crocodiles. Mais quelque part dans l'esprit de Fiona, une incroyable exaltation montait,

Premier voyage en canot à San Salvador de los Chachis

« Est-ce que je suis vraiment dans un canot dans une forêt tropicale pour rencontrer une tribu indigène ? N'est-ce pas incroyable ? » Je ne me souviens pas d'avoir jamais été aussi mouillée auparavant et de savoir qu'il n'y aurait pas de séchage avant des heures.

Nous avons rencontré la communauté Chachi, constaté les conditions terribles, découvert l'école qui avait été gravement endommagée, puis avons commencé le voyage de retour en canot. Par la suite, une grave réplique de la secousse a eu lieu, et une plus grande partie de l'école s'est effondrée.

Les grandes lignes d'un projet de secours ont commencé à se dessiner : une aide alimentaire et d'hygiène pour les camps de « personnes déplacées » du gouvernement et une certaine forme de soutien à la communauté Chachi. L'aide alimentaire et d'hygiène provenaient de Colombie, où certaines églises s'étaient portées volontaires pour aider Emmanuel TV. C'est alors le départ pour Bogota pour commander la nourriture et organiser le transport.

San Salvador après le tremblement de terre

Puis il y a eu quelques contretemps de dernière minute. Gary, qui était avec l'équipe à Bogota, explique :

À la veille du départ pour l'Équateur, l'avion-cargo avec sa vignette Emmanuel TV déjà en place a dû effectuer une mission urgente et imprévue. L'autocollant est tombé en l'air ! Il y a eu un retard de deux jours pendant que nous trouvions un autre autocollant et travaillions avec la compagnie aérienne pour le placer de manière plus sécurisée.

Mais ce revers s'est avéré être un don de Dieu. Cela a laissé juste le temps à l'équipe en attente à Quito, la capitale de l'Équateur, d'organiser les formalités de réception à l'aéroport et de sécuriser le transport de la précieuse cargaison de nourritures. Fiona commente,

Du côté de Quito, le temps pressait, car après avoir attendu les autorisations nécessaires pour être présents sur le tarmac, nous avons fait face au trafic de Quito avec peu de temps libre.

Nous avons appelé Gary, qui était déjà avec les pilotes dans le cockpit de l'avion : « Tu ne peux pas attendre ? Nous sommes en retard pour arriver à l'aéroport. ». Sa réponse fut ferme : « Non, nous roulons déjà sur la piste ! ».

Arrivée à Quito de l'avion-cargo avec l'Aide de secours d'Emmanuel TV

Notre chauffeur a conduit comme Jéhu (2 Rois 9 : 20), et nous avons tous atteint le tarmac juste à temps pour voir l'avion-cargo d'Emmanuel TV atterrir. Le caméraman local a sorti sa caméra quelques secondes plus tard. Quel instant !

Ensuite, l'administration compliquée qui voulait garder nos cargaisons en sécurité dans l'entrepôt douanier, les dédouana et ensuite les chargea dans deux camions militaires, gracieuseté de l'armée Equatorienne qui a fourni les camions et les chauffeurs pour transporter l'aide en toute sécurité vers la zone touchée par le séisme.

Une fois notre grande quantité de fournitures en sécurité dans la zone de stockage d'Emmanuel TV, nous avons visité la réunion officielle de planification d'urgence du gouvernement pour expliquer comment nous voulions travailler en étroite collaboration avec le gouvernement tout en gérant nous-mêmes la distribution des fournitures. À Dieu soit la gloire, un heureux projet fut élaboré. Les objectifs fixés par T.B. Joshua, travailler avec le gouvernement, faire venir l'avion-cargo, tout en supervisant la distribution de l'aide pour s'assurer qu'elle parvienne aux bonnes personnes, était sur le point de se concrétiser. Au début, cela semblait impossible, mais maintenant cela se produisait sous nos yeux.

L'équipe d'Emmanuel TV avec le gouverneur de la province d'Esmeraldas

Gary commente ce qui semble être devenu une caractéristique régulière de ces aventures de foi :

Une combinaison de défis extrêmes et de bénédictions extrêmes : il semble toujours arriver un moment où il y a un risque réel qu'un projet ne puisse pas aboutir, et alors, en tenant bon, Dieu amène la bonne personne ou change l'attitude de quelqu'un – et c'est souvent à la toute dernière minute !

Lorsque nous avons visité les camps organisés avec des vivres, nous sommes arrivés précisément au moment où les réserves commençaient à s'épuiser. Dans un refuge, les dames de la cuisine commune étaient très contentes de voir la grande quantité de légumes frais et d'ails pour parfumer leur alimentation.

Une nouvelle école dans la forêt tropical

Quoi ensuite ? Eh bien, nous savions que les Chachi avaient besoin d'une école. Lorsque l'architecte a finalement présenté le plan, il était nettement plus grand et meilleur que le bâtiment précédent. Le nouveau plan prévoyait une structure de haute qualité pouvant accueillir une école maternelle, primaire et secondaire avec un total de 14 salles de classe, ainsi que des cuisines et des salles à manger, une salle des professeurs, une salle administrative et de petits laboratoires informatiques et scientifiques. Il était clair que le budget serait au moins le double des chiffres approximatifs que nous avions initialement évoqués avec l'équipe de Lagos – qui étaient déjà plus élevés que ce que le projet de distribution alimentaire avait coûté jusqu'à présent.

Se préparant pour le retour de San Salvador avec canot

L'avenir de toute la communauté dépendait de cette école, et T.B. Joshua, ému par leur situation, s'est engagé à financer cette nouvelle structure ambitieuse. L'architecte a accepté de proposer son entreprise comme maître d'œuvre, ce qui était un engagement fort puisque la visite du Chachi lui demandait plus de 10 heures de voyage. Pour le projet de construction lui-même, qui a duré plusieurs mois, il a dû avoir un gérant vivant la plupart du temps sur place, dans la forêt tropicale. Il a donné de son temps gratuitement pour exprimer ses remerciements à Dieu pour sa percée antérieure.

Dans le village de San Salvador de los Chachis, il n'y avait pas de couverture de téléphonie mobile ; il fallait conduire pendant des heures jusqu'au lieu de débarquement et ensuite espérer que le message parvienne au village (avec son seul téléphone fixe) pour que les canots attendent. Ensuite, pour le retour, il fallait quitter San Salvador suffisamment à l'avance pour retrouver la route principale avant le crépuscule. C'était donc une entreprise considérable que de visiter ne serait-ce qu'une heure à San Salvador.

Gary et l'architecte discutent des plans de la nouvelle école

L'architecte a finalisé le plan global de l'école et nous l'avons soumis au ministère de l'Éducation du gouvernement juste à temps avant la fermeture de l'aide d'urgence de deux mois. Ce n'est que dans une telle situation d'urgence qu'une aide extérieure a été autorisée par le gouvernement pour un tel projet. Le plan a été approuvé, mais il y a ensuite eu des retards bureaucratiques au niveau local qui auraient pu menacer l'ensemble du projet. Cependant, encore une fois, nous avons fait l'expérience de la provision de Dieu. Une « rencontre fortuite » avec le vice-président de la nation de l'époque (Jorge Glas) a permis d'ouvrir la voie, et le projet a avancé au grand bénéfice de la communauté indigène Chachi et des 300 élèves de l'école.

L'équipe rencontre le vice-président de l'Équateur

LA GRANDE OUVERTURE DE L'ÉCOLE !

En raison des problèmes d'accès et des conditions météorologiques, le projet de reconstruction de l'école a duré plusieurs mois. Mais à peine un an après que l'école précédente ait été gravement endommagée par le tremblement de terre, la nouvelle structure était prête pour une cérémonie d'ouverture officielle. T.B. Joshua voyageait rarement, mais il était déterminé à venir en Équateur pour ouvrir l'école personnellement.

La planification était complexe en raison de l'inaccessibilité de l'école. Il y a eu deux cérémonies

Un accueil militaire en Équateur en faveur de Mr et Mme Joshua

d'ouverture : une à Quito pour divers dignitaires et une à l'école elle-même. La question de savoir comment T.B. Joshua allait faire le trajet jusqu'à l'école a soulevé des problèmes logistiques. L'armée a proposé de fournir un hélicoptère, mais cela aurait été trop dangereux en raison de la brume et du brouillard fréquents dans les montagnes des Andes, sans parler des fortes pluies tropicales. En fin de compte, il devait voyager par la route depuis Esmeraldas, et même cette solution a rencontré des difficultés importantes, ce qui l'a amené à devoir marcher avec l'équipe pendant un long trajet dans la boue, ce qui était très fatigant.

T.B. Joshua continue à pied jusqu'à l'école

Le matin de la cérémonie d'ouverture de l'école, nous faisions partie d'une équipe avancée qui a réussi de justesse à faire tout le trajet jusqu'à l'école en véhicule 4x4. (Suite au projet de l'école, le gouvernement avait élargi la piste le long du fleuve jusqu'à San Salvador et, durant les quelques jours qui ont été assez secs, le voyage a pu être complété en véhicule). Cependant, alors que les invités se rassemblaient à l'école, le vent s'est levé – un signe certain que la pluie allait tomber. Et puis c'est arrivé par des torrents, et sans couverture téléphonique, nous n'avions aucune idée de ce qui était arrivé à T.B. Joshua et au reste de l'équipe. Nous commencions à penser qu'il fallait peut-être abandonner l'événement lorsqu'un des Chachi a couru vers nous en déclarant : « J'ai vu votre maître marcher le long de la piste là-haut ! ». À son arrivée, il entra plus ou moins directement dans la cérémonie.

Il était instructif d'observer comment cette communauté indigène, relativement épargnée par les normes occidentales, faisait preuve d'un respect instinctif pour l'homme de Dieu. Ils semblaient comprendre qu'il s'agissait d'une personne inhabituelle et proche de Dieu. Nous avons été franchement choqués, plus d'un an plus tard lorsque, en visite à l'école pour un projet de suivi, l'un des dirigeants de la communauté nous a respectueusement répété certains des récits d'encouragement de T.B. Joshua lors de cette cérémonie d'ouverture.

De son côté, T.B. Joshua a entretenu des relations avec les gens lors de cette

Un homme du peuple

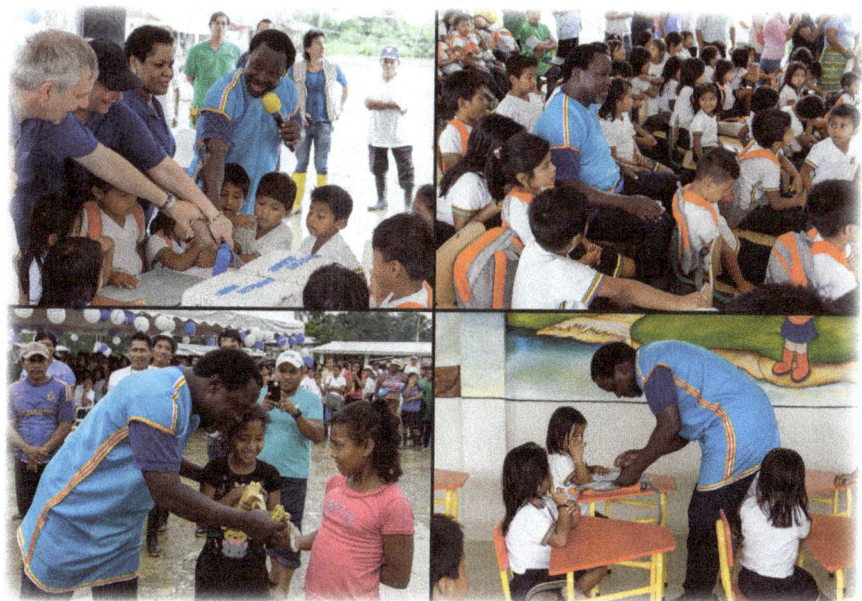

Ouverture de la nouvelle école en Équateur en 2017

courte visite. Il portait fièrement la tunique traditionnelle Chachi qui lui avait été présentée, mangeait la nourriture locale et montrait un grand intérêt pour les défis des agriculteurs. Il s'est assis parmi les enfants et a personnellement visité chaque classe, écrivant « Jésus t'aime » au tableau.

Son voyage de retour de la forêt tropicale a également été difficile, nécessitant davantage de marche dans la boue. Il a même rendu une visite impromptue à l'une des maisons en bois des agriculteurs locaux.

Il a continué à soutenir l'école, en équipant entièrement le laboratoire informatique et en parrainant par exemple ses meilleurs étudiants à l'université.

Un donneur joyeux

Il y a eu des manifestations de charité d'Emmanuel TV partout dans le monde. Le Royaume-Uni ne manquait pas de personnes ayant des besoins de toutes sortes, et travailler avec Bob de l'association caritative Flower of Justice à Southampton a été un plaisir et un honneur pour nous en tant que membres de l'équipe caritative britannique d'Emmanuel TV.

Soutenant la Fleur de la Justice à Southampton

Bob, un ancien toxicomane, a vu sa vie sauvée par Jésus et s'est engagé à servir les autres. Il a visité la SCOAN avec un groupe dans les premières années et a reçu une guérison significative de graves douleurs de dos (sciatique). Il raconte l'histoire dans son propre livre,

J'ai eu cinq épisodes de saignements dans les urines au cours de l'année et les médecins n'ont pas pu découvrir ce qui n'allait pas chez moi. J'avais très mal au dos et je prenais des analgésiques. Quand T.B. Joshua est venu prier pour moi, il a dit : « Tout cela est lié à votre passé ». Il ne m'a même pas touché, mais je suis tombé par terre et j'ai ressenti de la chaleur dans tout mon corps. J'étais à genoux, face contre terre, et je ne pouvais pas me relever à cause de la puissance du Saint-Esprit ! Puis après un moment, il a prié à nouveau et a dit : « Père, déconnecte-le du passé ! ». Puis toute la douleur a quitté mon corps instantanément. »[60]

Il a parlé de sa guérison aux habitants du lotissement social où il exerçait comme pasteur de rue, mentor et ami des pauvres. T.B. Joshua a également envoyé l'équipe d'Emmanuel TV pour mener régulièrement des projets caritatifs sur le territoire. Le résultat fut que de nombreuses personnes défavorisées virent T.B. Joshua comme un « homme du peuple » qui, même à des milliers de kilomètres, pouvait comprendre leurs besoins.

Fournir des aliments locaux et des fournitures essentielles aux victimes des inondations au Laos

Le message persistant de T.B. Joshua relatif aux dons caritatifs est qu'ils doivent être libres d'esprit. Le travail caritatif d'Emmanuel TV à travers le monde se faisait sans « conditions »,

---

60 Light, B. (2018). *This is My Offering* [Ceci est Mon Offrande]. New Life Publishing. p. 86

Un homme du peuple

Emmanuel TV sponsorise un thé traditionnel à la crème anglaise pour les personnes âgées

c'est-à-dire sans nécessiter de réponse particulière de la part des bénéficiaires ou des associations caritatives locales avec lesquelles nous pouvions collaborer. Cela a été très apprécié. Il a ainsi été possible de travailler dans la joie avec les gouvernements et ceux qui ne partageaient pas la même foi que nous.

Il y a toujours eu de nombreux projets fournissant des aliments locaux, des « poissons collants » si appréciés par ceux qui sont aidés au Laos, aux grands sacs de farine de Lahore jusqu'aux thés traditionnels à la crème tant appréciés des retraités anglais. Emmanuel TV travaille avec sensibilité et sert d'exemple aux téléspectateurs pour qu'ils trouvent par eux-mêmes ceux qui sont dans le besoin dans leur région et qu'ils réfléchissent à la manière dont ils peuvent aider, même si cela signifie commencer très simplement.

Le message de T.B. Joshua, qui aimait donner aux autres, est clair :

> « Tout le monde a quelque chose à donner. Quelqu'un a toujours besoin de vous, peu importe le peu que vous avez. ».

Aimez votre prochain

Jésus nous connaît non pas par notre nom mais par notre amour. Ce chapitre se termine par un sermon qui captive le cœur de cet homme du peuple. L'amour n'est pas un sentiment mais une responsabilité pratique pour tous les Chrétiens.

AIMEZ VOTRE PROCHAIN

T.B. Joshua, Service du dimanche de la SCOAN, 9 juin 2019

Le plus grand aux yeux de Dieu est celui qui aime son prochain.

« *Si quelqu'un dit : J'aime Dieu, et qu'il haïsse son frère, c'est un menteur ; car celui qui n'aime pas son frère qu'il voit, comment peut-il aimer Dieu qu'il ne voit pas ? Et nous avons de lui ce commandement : que celui qui aime Dieu aime aussi son frère.* » (1 Jean 4 : 20-21).

Dieu mesure nos vies par notre amour pour Lui et pour notre prochain. Vous ne pouvez pas aimer Dieu sans aimer votre prochain. Dieu sait que si vous n'aimez pas vraiment votre prochain, vous ne pouvez pas L'aimer. Votre prochain peut être votre ennemi ou celui qui ne partage pas la même foi que vous. Aimons-nous les uns les autres, quelle que soit notre religion ou notre race, car l'amour vient de Dieu. Celui qui n'aime pas ne connaît pas Dieu, car Dieu est amour (1 Jean 4 : 7-8, 11-12).

Comment pouvons-nous mesurer notre amour pour Dieu ? Par les choses pratiques de nos vies. Nous mesurons notre amour pour Dieu au nombre de fois où nous pensons quotidiennement à Jésus avec amour, au degré de faim que nous avons à lire Sa Parole, je veux dire le temps que nous mettons à part pour lire Sa Parole, la joie avec laquelle nous prenons Sa Parole entre nos mains lorsque nous sommes seuls avec Lui. Plus nous L'aimons, plus Sa Parole sera précieuse pour nous. Si vous aimez suffisamment Jésus, vous prendrez l'habitude de dire : « Je t'aime, Jésus » ; lorsque vous vous dirigez vers une autre pièce, dites « Je t'aime, Jésus » ; lorsque vous montez dans votre voiture pour conduire, dites « Je t'aime, Jésus » ; lorsque vous vous arrêtez au feu de signalisation, dites « Je t'aime, Jésus ». La première personne à laquelle vous pensez le matin et la dernière personne à laquelle vous pensez le soir devrait être Jésus.

Combien de choses avez-vous ajustées dans votre vie à cause de votre amour pour Dieu ? Dieu dit que nous ne devrions pas mentir ; vous avez arrêté de mentir parce que vous avez envie de Lui plaire ; vous avez arrêté de détruire parce que vous désirez plaire à Jésus, et ainsi de suite. Comment utilisez-vous votre argent ?

Comment épargnez-vous pour donner davantage aux nécessiteux ?

Un homme du peuple

Comment utilisez-vous votre temps libre parce que vous aimez Jésus ? Comment ajustez-vous vos priorités en raison de votre amour pour Jésus ?

Quel est le peu avec lequel vous essayez de bénir les autres en raison de votre amour pour Jésus ? Combien de fois dites-vous : « Que Dieu vous bénisse » ? À quelle fréquence souriez-vous délibérément aux autres pour l'amour de Jésus ? À quelle fréquence essayez-vous de garder le sourire lorsque vous conduisez dans la rue, lorsque vous entrez dans un magasin, pour l'amour de Jésus ? Plus vous aimez Dieu, plus vous aimez votre prochain.

« Si vous m'aimez, gardez mes commandements. Et moi, je prierai le Père, et il vous donnera un autre consolateur, afin qu'il demeure éternellement avec vous. » (Jean 14 : 15-16).

Comment aimons-nous Dieu ? En faisant ce que Dieu veut. Nous démontrons notre amour pour Lui non pas par de simples paroles mais par des actions et en vérité ; c'est ainsi que vous pouvez démontrer votre amour. Il ne s'agit pas seulement de venir à l'église, de danser ou de lire votre Bible ; si vous aimez Dieu, gardez Ses commandements. Comment pouvons-nous respecter les commandements de Dieu ? Il nous est ordonné d'aimer.

Dieu ne demande pas si vous avez envie d'aimer. En tant que Chrétien, il est de notre responsabilité de nous aimer les uns les autres. Ce qui fait de nous des humains, ce n'est pas notre capacité à penser mais notre capacité à aimer. Cela signifie que l'amour c'est la vie – si vous manquez l'amour, vous manquez la vie. Il ne faut pas aimer pour des raisons égoïstes, classiques ou matérielles ; nous devons aimer mieux. Si vous voulez aimer mieux, vous devriez commencer par quelqu'un qui vous déteste. Si vous voulez aimer mieux, vous devriez commencer par quelqu'un qui a de mauvais sentiments à votre égard, qui ne voit rien de bon chez vous, qui vous critique ; en faisant cela, vous copiez le genre d'amour de Jésus, comme il l'a démontré dans Luc 23 : 34 : *« Père, pardonne-leur »*.

Prenez note du mot leur car il inclut à la fois celui qui cause l'offense et l'offensé. En d'autres termes, Jésus disait : « Père pardonne-leur tant l'injuste que le juste ; Père pardonne-leur le mal et le bien ». Si vous aimez beaucoup de gens, mais qu'il y a ceux que vous n'aimez pas parce qu'ils vous détestent, ont de mauvais sentiments à votre égard ou vous critiquent, alors votre amour n'est rien.

« Vous avez appris qu'il a été dit : Tu aimeras ton prochain, et tu haïras ton ennemi. Mais moi, je vous dis : Aimez vos ennemis, bénissez ceux qui vous maudissent, faites du bien à ceux qui vous haïssent, et priez pour ceux qui vous maltraitent et qui vous persécutent, afin que vous soyez fils de votre Père qui est dans les cieux ; car il fait lever son soleil sur les méchants et sur les bons, et il fait pleuvoir sur les justes et sur les injustes. » (Matthieu 5 : 43-45).

Dieu donne le soleil et la pluie à tous, Ses bénédictions de santé et de longue vie à tous ; Il aime tout le monde du même amour infini avec lequel Il vous aime. Demandez-vous : « Dans quelle mesure mon amour est-il ainsi ? ». Rien ne nous fait autant aimer une personne que de prier pour elle ; combien de vos voisins figurent sur votre liste de prière quotidienne ? Votre amour est-il un véritable amour qui intercède pour les autres ? Pouvez-vous se tenir à la brèche ? Pouvez-vous vous réjouir quand ils se réjouissent ? C'est la question à laquelle vous devez répondre.

L'amour nous libère dans le présent. N'oubliez pas que c'est le présent qui pose problème. C'est par l'amour que nous sommes actuellement capables de répondre à Dieu et aux autres. Pour répondre d'abord à Dieu, vous devez vous pardonner ainsi que votre prochain.

L'amour regarde tout autour de lui pour voir ceux qui sont dans le besoin. Si vous n'avez pas d'amour, votre foi ne fonctionnera pas parce que la foi agit par l'amour (Galates 5 : 6). Cela signifie que l'amour est le plus important parce que c'est ce dernier qui fait fonctionner la foi.

En tant que Chrétiens, nous sommes connus par notre amour. Cela signifie que Jésus ne vous connaît non pas par votre nom mais par votre amour. L'amour pour l'amour de Dieu n'attend pas de récompense ; lorsque nous aimons pour l'amour de Dieu, nous semons dans l'Esprit parce que l'amour que nous donnons est le seul que nous gardons.

L'Autoroute vers le Ciel

« *Si c'est dans cette vie seulement que nous espérons en Christ, nous sommes les plus malheureux de tous les hommes.* » (1 Corinthiens 15 : 19).

Ces paroles de la Bible sont un défi. La plupart d'entre nous sont très conscients de cette vie – nous voulons une bonne santé, un travail bien rémunéré, un endroit agréable où vivre, une famille heureuse, etc., et c'est souvent pour cela que nous prions Dieu. Mais que vaudront les choses de cette vie au dernier jour, le jour où, comme le dit C.S. Lewis,

> ...le brouillard anesthésique que nous appelons « nature » ou « le monde réel » s'estompe et la présence dans laquelle vous vous êtes toujours tenu devient palpable, immédiate et inévitable ?[61]

L'Histoire elle-même et les mentors pleins de foi d'antan nous disent que la vie est fragile et que nous ayons une vie longue ou courte, nous arriverons tous à ce jugement final. Comment pouvons-nous y répondre concrètement, au lieu de le repousser toujours plus loin dans nos esprits ?

T.B. Joshua nous a encouragés à régler tous nos comptes aujourd'hui,

> « Nous devons vivre chaque jour de notre vie comme si c'était notre dernier jour parce que notre dernier jour sur terre peut être si inattendu. Rappelez-vous, la vie est incertaine, la mort est sûre, le péché est la cause et Christ est le remède. Cette vie étant

---

[61] Lewis, C.S. (1952). *Mere Christianity* [Simple christianisme]. Macmillan. p. 115

incertaine, cela devrait affecter notre façon de vivre aujourd'hui. »

Il nous a appris que les décisions que nous devons prendre sont celles qui profiteront à notre avenir, et non à notre présent.

« Il vaut mieux souffrir aujourd'hui et se réjouir demain. Dieu se soucie plus de votre gloire éternelle que de votre confort présent. »

Il y aura des troubles dans ce monde (Jean 16 : 31) – c'est inévitable. Mais il ne faut pas se décourager,

« Car nos légères afflictions du moment présent produisent pour nous, au-delà de toute mesure, un poids éternel de gloire. » (2 Corinthiens 4 : 17).

Ce monde n'est pas notre maison ; nous ne faisons que passer. Nous ne devons donc pas laisser notre situation nous dicter notre direction. Nos bénédictions ne devraient pas déterminer où nous devrions vivre ni qui devraient être nos amis. Par exemple, T.B. Joshua n'a pas déménagé dans une région plus prospère après la croissance de l'église, mais a permis à Dieu seul de diriger ses pas.

Cette vision a un impact profond sur tous les domaines de la vie. L'important dans cette vie est de rester fidèle jusqu'à la fin plutôt que de chercher à profiter du présent ; parce que la façon dont nous terminons notre course compte.

« Si un arbre tombe, il reste à la place où il est tombé. » (Ecclésiaste 11 : 3)

Comme l'homme de Dieu l'a souvent déclaré :

« Celui qui commence n'est pas propriétaire de l'œuvre, mais celui qui finit [l'est]. ».

Lorsque vient le temps du jugement de Dieu, nous voulons être trouvés dans une position de foi afin de pouvoir bénéficier des bienfaits du salut éternel grâce au sacrifice expiatoire du Christ.

Qu'en est-il de notre attitude face à la mort ? Si nous ne faisons pas partie du monde et que le Ciel est notre maison, alors être appelé à la maison n'est pas quelque chose à craindre mais quelque chose à attendre avec impatience. Comme T.B. Joshua l'a dit,

« La mort pour un croyant est sa libération de l'emprisonnement de ce monde et son départ vers la jouissance d'un autre monde. Ceux qui sont nés d'en haut aspirent à y être. ».

De nombreux croyants enthousiastes aspirent à ces vérités, mais, en réalité, nous pouvons nous retrouver tout à fait chez nous dans ce monde.

Un sermon intitulé « Temps et Saison » donné par T.B. Joshua en mars 2008 nous a personnellement aidés à faire ce voyage de l'aspiration à la réalité. Il enseignait sur la déception de Pierre au bord de la mer après une nuit de pêche infructueuse avant de rencontrer Jésus (Luc 5). Une étape nécessaire sur le chemin de la réalité est de faire l'expérience du vide du monde :

« Lorsque nous sommes fatigués et malades de nos affaires mondaines et frustrés dans nos affaires mondaines, nous sommes les bienvenus auprès du Christ. Rappelez-vous, aussi longtemps que le monde est en place dans nos vies, Christ doit être déplacé ... Il nous permet d'épuiser tous les avantages matériels que nous pensons avoir, de sorte que lorsque nous aurons appris nos leçons, nous le valoriserons.

Jésus n'aurait eu rien à faire avec Pierre si Pierre n'avait pas été rendu sensible aux vicissitudes de la vie. Il était si fatigué et malade du monde qu'il était prêt à embrasser l'ordre supérieur du Christ. Dans le nouvel ordre du Christ, il y a la paix, et non celle que le monde donne. »

Nous remercions Dieu d'avoir fait suffisamment l'expérience du monde, y compris ses « succès », pour reconnaître son vide. Comme le dit une chanson chrétienne contemporaine,

> *Ce monde n'a rien pour moi et ce monde a tout.*
> *Tout ce que je pourrais désirer, et rien de ce dont j'ai besoin.*[62]

TOUT COMME JE SUIS

> *Tout comme je suis, sans un plaidoyer*
> *Mais que ton sang a été versé pour moi*
> *Et que tu me dises de venir à toi*
> *Ô Agneau de Dieu, je viens, je viens*

Ce vieil hymne célèbre dont Fiona se souvient avoir été chanté la nuit

---
62 *This World* [Ce monde]. Aaron Tate. ©1994 Cumbee Road Music

où elle a répondu à un appel au salut en 1973, était également apprécié par Billy Graham pour ses événements évangéliques. Il a été chanté à la SCOAN en juillet 2012 lors d'un service commémoratif rendu au président Atta Mills du Ghana, parti dans le Seigneur alors qu'il occupait les plus hautes fonctions de son pays.

L'hymne continue en disant :

> *Tout comme je suis, bien que ballotté*
> *Avec beaucoup de conflits, beaucoup de doutes*
> *Combats et peurs à l'intérieur et à l'extérieur*
> *Ô Agneau de Dieu, je viens, je viens*
>
> *Tout comme je suis, et n'attends pas*
> *pour débarrasser mon âme d'une tâche sombre*
> *à toi dont le sang peut nettoyer chaque endroit*
> *Ô Agneau de Dieu, je viens, je viens*
>
> *Tout comme je suis, pauvre, misérable, aveugle*
> *Vue, richesse, guérison de l'esprit*
> *Oui, tout ce dont j'ai besoin, c'est en Toi que je le trouve*
> *Ô Agneau de Dieu, je viens, je viens*
>
> *Tout comme je suis, tu recevras*
> *accueilleras, pardonneras, nettoieras, soulageras*
> *Parce que je crois en ta promesse*
> *Ô Agneau de Dieu, je viens, je viens*

La puissance et la réalité derrière ces mots naissent de la vie que l'écrivain a vécue dans la douleur et la maladie, tout en acceptant patiemment la bonté de Dieu.

T.B. Joshua a dit :

> « Considérez votre situation comme une opportunité d'honorer Dieu, tout comme c'est une opportunité pour Dieu de glorifier son nom. ».

De nombreuses personnes ont grandement admiré l'hymne de Charlotte Elliott, même de son vivant. Peu de temps après sa mort, son frère, le révérend Henry Venn Elliott, s'est confié au rédacteur de cantiques Edward Henry Bickersteth :

> « Au cours d'un long ministère, j'espère qu'il m'a été permis de voir certains fruits de mon travail, mais je sens que bien plus a été fait par un seul hymne de ma sœur. »[63]

Pourquoi prendre l'exemple de cet hymne ? Parce que Jésus voit les sacrifices cachés et les réponses aux difficultés, pas seulement les actions ou les paroles extérieures. C'est la « source de l'action » qui détermine le résultat, et non l'action elle-même. T.B. Joshua a lancé un défi aux membres de son église en leur parlant à la Montagne de Prière en 2006 :

> « Pourquoi se souviendra-t-on de vous lorsque vous partirez rejoindre le Seigneur ? Pourquoi les gens se souviennent-ils des apôtres ? Non pas leurs femmes, leurs enfants ou leurs propriétés, mais pour le prix suprême qu'ils ont payé pour nous apporter l'Évangile. Il faut qu'on se souvienne de vous pour le but pour lequel vous avez été créé. »[64]

L'Autoroute vers le Ciel

De retour au service commémoratif du président Atta-Mills, T.B. Joshua a donné un autre message encourageant mais sobre :

> Pour aller au Ciel, il faut suivre le chemin de la Croix. L'autoroute vers le Ciel commence de ce côté de la mort, et l'entrée est très facile à trouver. La Bible dit que quiconque invoquera le nom du Seigneur sera sauvé.
>
> Dans Romains 10 : 1-13, Paul déclare que le chemin qui mène au Ciel n'est pas difficile à trouver ni à accéder. Êtes-vous sur la bonne voie vers le Ciel ? Elle est juste devant vous dans la Parole de Dieu.
>
> Dans Jean 14 : 6, Jésus dit : « *Je suis le chemin, la vérité et la vie. Personne ne vient au Père que par moi.* » Il est mort pour nos péchés – Il a brisé le pouvoir de la mort par la résurrection. Vous n'avez pas besoin d'avoir peur de savoir où vous allez quand vous savez que Jésus vous accompagne. Vous n'êtes pas seul.
>
> La mort n'est pas un point final ; ce n'est qu'une virgule à cause

---

63 Bickersteth E.H. (1872). *Hymnal Companion to the Book of Common Prayer* [Compagnon de cantiques du livre de prière commune], édition annotée. Sampson Low & Co. Note 114

64 *Responsible Use of Blessings* [Utilisation responsable des bénédictions]. Message de T.B. Joshua à la Montagne de Prière, le 2 mars 2006

de la mort et de la résurrection de Jésus-Christ – Si vous mettez votre foi en Lui. N'importe quel jour, même aujourd'hui, peut être notre dernier jour sur terre. Nous devons être sûrs que nous sommes prêts à partir. L'êtes-vous ?

Que vous soyez jeune ou vieux, ce qui compte c'est la grâce de continuer à vivre au-delà. Un homme peut mourir jeune tout en étant satisfait de sa vie. Mais le méchant reste insatisfait, même s'il vit longtemps. Continuer à faire confiance à Dieu est le seul moyen de nous préparer aux choses pour lesquelles nous ne sommes pas prêts. Si vous êtes prêt à mourir, vous êtes prêt à vivre. Je prie pour vous afin que, lorsque le moment sera venu pour vous de partir, vous le sachiez, au nom de Jésus.[65]

Qu'est-ce qu'un Chrétien ?

« Un vrai Chrétien est quiconque dépend de la grâce de Dieu et met sa confiance en Christ seul pour son salut. »

C'est l'essence du christianisme, non pas une religion mais une relation avec Jésus-Christ par la foi. C'est une relation qui s'étend au-delà de la tombe, libérant ceux « *tous ceux qui, par crainte de la mort, étaient toute leur vie retenue dans la servitude.* » (Hébreux 2 : 15).

Prophète T.B. Joshua rappelait régulièrement à ses auditeurs les principes fondamentaux de la foi. Pour son message de Pâques 2020, prêché depuis les Studios Emmanuel TV, il a abordé la question de front : *Qu'est-ce qu'un Chrétien ?*

En tant que ministre de Dieu, j'ai vu que les gens donnent de nombreuses raisons pour s'appeler Chrétiens. Par exemple, ils disent : « Je suis né Chrétien et j'ai grandi dans l'église ». « Je suis Chrétien parce que mes parents sont croyants. ». « Je suis chrétien parce que je suis un éditeur de la Bible. ». « Je suis Chrétien parce que je suis convaincu que Jésus est le Fils de Dieu.» Mon problème avec ces réponses est qu'elles ne mentionnent pas la seule raison qui qualifie quelqu'un de Chrétien.

Voici le défi. Vous pouvez aller à l'église et ne pas être Chrétien.

---

[65] *L'autoroute vers le Ciel*. Sermon de T.B. Joshua, Service de la SCOAN, 29 juillet 2012

L'AUTOROUTE VERS LE CIEL

Vous pouvez lire la Bible et ne pas être Chrétien. Vous pouvez éliminer les mauvaises habitudes et essayer d'être une personne morale sans pour autant être Chrétien. Toutes ces habitudes sont bonnes, mais les actions à elles seules ne font pas d'une personne un Chrétien.

Alors, qui est Chrétien ? Un Chrétien est une personne à qui Dieu a pardonné grâce à l'œuvre accomplie de Jésus-Christ sur la croix, comme le dit le livre de Tite 3 : 3-6. Nous sommes Chrétiens à cause de l'œuvre accomplie de Jésus-Christ sur la Croix. L'homme est un pécheur qui n'a pas répondu aux normes de Dieu. Dieu est venu sur terre en la personne de Jésus-Christ, est mort pour nous et a payé pour nos péchés. Grâce à notre foi en lui, nous recevons sa justice, et nous recevons son pardon de nos péchés et le don de la vie éternelle.

Jésus est mort sur la Croix pour moi et pour vous. Il est mort pour nous ; Il nous aime et lorsque nous ouvrons nos cœurs ; Il nous pardonne. Permettez-moi de vous emmener au livre des Actes des Apôtres, chapitre 16, versets 30 à 31. C'est le cas d'un agent des forces de l'ordre qui a un jour posé à l'apôtre Paul la question la plus importante : Que faut-il que je fasse pour être sauvé ? Paul répondit : « Crois au Seigneur Jésus, et tu seras sauvé. ». Voici ce qu'il en est : Être Chrétien ne dépend pas de ce que vous faites ; il s'agit de ce que Jésus-Christ a fait. Il nous aime ; Il est mort pour nous et Il nous pardonne lorsque nous ouvrons notre cœur pour croire.[66]

PRIÈRES DE CONSÉCRATION

Si vous ne connaissez pas le Seigneur Jésus, ou si vous voulez lui consacrer à nouveau votre vie, vous pouvez prier cette prière :

Seigneur Jésus, j'ai besoin de toi. Je suis un pécheur.
Viens dans mon cœur ;
Lave-moi avec Ton sang précieux.
Sauve mon âme aujourd'hui,
Au nom de Jésus-Christ.

---

[66] *Qu'est-ce qu'un Chrétien ? Message de T.B. Joshua, Emmanuel TV, 12 avril 2020*

If you have submitted to God's will and want to know more of His direction for your life, you can pray:

> *Seigneur Jésus, je me suis abandonné à Ta volonté ;*
> *Je suis prêt à aller partout où Tu veux que j'aille,*
> *Pour dire ce que Tu veux que je dise,*
> *Pour être ce que Tu veux que je sois.*
> *Je suis prêt, Seigneur ; Je suis prêt maintenant !*
> *Le temps presse : le monde touche à sa fin.*
> *Je ne veux pas perdre mon temps.*
> *Dis-moi ce que je dois faire.*
> *Donne-moi Tes ordres.*
> *Je promets de me soumettre à tout ce que Tu désires de moi*
> *Et d'accepter tout ce que Tu permets de m'arriver.*
> *Fais-moi seulement connaître Ta volonté.*

T.B. Joshua a toujours encouragé les nouveaux croyants à rechercher une église vivante et à s'y impliquer. Mais rappelez-vous que l'essence de la véritable Église, c'est Christ en vous, l'espérance de la gloire. Le jour du jugement dernier, la question ne sera pas de savoir qui a adoré dans telle ou telle église, ou qui est évêque, pasteur ou prophète, mais qui a adoré Dieu en esprit et en vérité (Jean 4 : 24). Ce qui compte, c'est l'état de votre cœur.

Vous devez vous poser cette question : vivez-vous chaque jour comme si c'était le dernier ?

Comment utilisez-vous votre vie ? Comment passez-vous votre vie ? Parce que la meilleure façon d'utiliser la vie est de la passer pour quelque chose qui survivra. Par exemple, aimez quelqu'un plus fort chaque jour. Lorsque vous regardez autour de vous, vous verrez quelqu'un qui a besoin de quelque chose que vous avez – votre amour, votre aide, votre force, votre temps, votre sourire ou votre mot d'encouragement pour le guider sur le bon chemin.

Garder notre cœur prêt à recevoir Sa sainte vision et répondre à Son appel : telle est notre tâche.

Vivez chaque jour comme si c'était le dernier. Un jour, vous aurez raison.

ÉPILOGUE

T.B. Joshua était un prophète de notre époque qui enseignait la Parole de Dieu, apportant la conviction – la conviction du péché et la nécessité de suivre Dieu plus sérieusement ; une assurance que Dieu est réel et que Jésus-Christ revient bientôt.

La Parole de Dieu dominait sa pensée, comme en témoigne la façon dont il a géré les moments difficiles et l'opposition à l'Évangile. Calmement, il disait : « Je vois les choses différemment », et ses paroles promouvaient la paix.

Il y a toujours eu de tels « Pères dans le Seigneur », qui sont non conformes (et donc controversés) à leur époque, mais dont l'héritage spirituel a le potentiel de façonner les générations futures.

Il existe aujourd'hui un besoin pressant dans la chrétienté d'unir l'application efficace de la Parole de Dieu et la démonstration de la puissance du Saint-Esprit. Nous en avons eu des preuves constantes au cours des deux dernières décennies.

Malgré cela, T.B. Joshua a fait savoir très clairement qu'il n'était pas encore « arrivé » ; il insistait toujours pour obtenir davantage de Dieu, et qui sait ce que l'avenir nous réserve ?

« *En vérité, en vérité, je vous le dis, celui qui croit en moi fera aussi les œuvres que je fais, et il en fera de plus grandes, parce que je m'en vais au Père.* » (Jean 14 : 12).

Au fil des années, il n'avait pas caché son désir de voir les gens dans le ministère aller plus loin que lui. Il a consacré toute sa vie à encadrer des personnes ;

> « Comme c'est étrange, et pourtant tout à fait vrai ; les faibles remplis de la puissance de Dieu, l'œuvre du Père sera faite ! ».

Pour ceux dont la vie est centrée sur Jésus-Christ, le meilleur est toujours à venir !

À PROPOS DES AUTEURS

Gary et Fiona Tonge sont nés en Angleterre à la fin des années 1950. En 1973, lorsque le « Mouvement de Jésus » a apporté une vague de renouveau, ils ont tous deux fait l'expérience d'une rencontre avec Jésus-Christ qui a radicalement changé la direction de leur vie. Jouant un rôle actif dans la vie de l'église en tant qu'anciens, prédicateurs laïcs et dirigeants de jeunesse, ils ont eu le privilège de voyager pour voir la puissance de Dieu se manifester dans la guérison et la délivrance dans différentes parties du monde dans les années 1990 et au début des années 2000.

Gary a obtenu un diplôme spécialisé en électronique et un doctorat en mathématiques de l'Université de Southampton. Il a connu une carrière réussie, rejoignant le conseil d'administration de l'Independent Television Commission (ITC) du Royaume-Uni au début de ses trentaines, avant de se lancer dans le conseil et le travail bénévole chrétien à partir de 2004. Ingénieur agréé depuis plus de 35 ans, il est membre de l'Académie Royale d'Ingénierie et de l'Institut d'Ingénierie et de Technologie.

Fiona est une ancienne infirmière titulaire d'un récent diplôme d'études supérieures en gestion des catastrophes internationales de l'Université de Manchester.

Au cours des deux dernières décennies, ils ont voyagé pour T.B. Joshua au sein de l'équipe d'Emmanuel TV pour préparer les événements gospel dans des stades et coordonner des projets humanitaires à travers le monde.

www.ingramcontent.com/pod-product-compliance
Lightning Source LLC
Chambersburg PA
CBHW070425120526
44590CB00014B/1536